Edition Literatur- und Kulturgeschichte

In der Flut der Bilder, Töne und Texte aus den Medien ist eine neue Kultur des Sehens, Hörens und Lesens vonnöten. Ihr will die Reihe *Vom Umgang mit ...* assistieren. Sie unterstützt einen Unterricht, in dem Inhalt und Form gleiche Geltung haben, der Anschluss herstellt an Alltagserfahrungen und tatsächliche Gewohnheiten, der befähigt zu selbstständigem Umgang mit der Angebotsfülle aus der Kommunikationsindustrie.

Über den Autor

André Barz, geb. 1963 in Karl-Marx-Stadt [Chemnitz]; 1982/86 Studium der Fächer Dt. Sprache und Literatur sowie Geschichte an der Päd. Hochschule Leipzig, 1986 Diplom (mit einer Arbeit über die Theaterrezeption Jugendlicher der gymnasialen Oberstufe); 1986/89 Forschungsstudium an der Päd. Hochschule Leipzig, Lehrstuhl Päd. Psychologie, 1989 Promotion (*Psychologische Aspekte des Darstellenden Spiels*. Egelsbach/Köln/New York: Hänsel-Hohenhausen 1992); 1986/87 und 1989/90 Lehrer in Leipzig, danach bis 1992 wiss. Assistent am Lehrstuhl f. Didaktik des Literaturunterrichts an der Päd. Hochschule ebd., 1992/95 wiss. Mitarbeiter am Institut f. Germanistik, Bereich Deutschdidaktik, der Universität Leipzig; 1996 Habilitation (*Literaturunterricht und Massenmedien. Probleme und Positionen*. Egelsbach/Frankfurt a. M./Washington: Hänsel-Hohenhausen 1997), 1997 Privatdozent ebd.; 1990/91 Lehrauftrag an der Univ. Bielefeld, Fak. f. Linguistik u. Literaturwissenschaft; seit 1996 Theaterpädagoge an der Landesbühne Sachsen-Anhalt Lutherstadt Eisleben.

Weitere Publikationen: *Stereotyp und Darstellendes Spiel. Plädoyer für ein eher konstruktives Verhältnis*. In: Der Deutschunterricht (Velber/Stuttgart) 47 (1995), H. 3; *Psychologie und Darstellendes Spiel*. In: Deutschunterricht (Berlin) 48 (1995), H. 4; *Darstellendes Spiel. Gefühle ausdrücken, Gefühle verstehen*. In: A.B./R. Hickethier u. a.: Vom Umgang mit sich selbst und den anderen. Hg. R. Hickethier. Donauwörth/ Leipzig: Ludwig Auer 1993.

André Barz

Vom Umgang mit darstellendem Spiel

Volk und Wissen Verlag

»Vom Umgang mit …«
Herausgegeben von Hannelore Prosche

Zu diesem Lehrerband gehören die Titel *Darstellendes Spiel. Texte* (ISBN 3-06-100848-9),
eine Sammlung von dramatischen Texten, Spielen und Übungen für die Klassen 8 bis 13,
und *TheaterSpielKiste* (ISBN 3-06-100742-3), eine Sammlung mit Texten und Spielan-
regungen für die Klassen 5 bis 7.

Das Werk folgt der reformierten Rechtschreibung und Zeichensetzung. Ausnahmen
bilden Originaltexte, bei denen lizenzrechtliche Gründe einer Änderung entgegenste-
hen, Autoren und Verlage Einspruch gegen die Umstellung der Texte auf das neue Re-
gelwerk erhoben haben. Der Entscheidung des Verlages für die Beibehaltung der alten
Schreibweise bei Originaltexten liegt die aktuelle Liste der Verwertungsgesellschaft
WORT, Stand 10. September 1997, zugrunde.

Die Deutsche Bibliothek – CIP-Einheitsaufnahme
Barz, André:
Vom Umgang mit Darstellendem Spiel / André Barz. – 1. Auflage, 1. Dr. –
Berlin : Volk-und-Wissen-Verl., 1998
(Edition Literatur- und Kulturgeschichte)
ISBN 3-06-102823-4

ISBN 3-06-102823-4

1. Auflage
4 3 2 1 / 01 00 99 98
Die letzten Ziffern bezeichnen Zahl und Jahr des Drucks.

© Volk und Wissen Verlag GmbH & Co., Berlin 1998
Printed in Germany
Umschlaggestaltung Gerhard Medoch
Gesetzt aus der Aldus der Firma Adobe
Satz Volk und Wissen Verlag GmbH & Co., Berlin
Druck und Binden Officin Andersen Nexö GmbH, Leipzig

Inhalt

Vorbemerkung

»In der Schauspielkunst finden wir einen besonderen (unikalen) Fall für die Übereinstimmung des schaffenden Künstlers mit dem ›Instrument‹ seines Schaffens. Dieser Umstand verleiht der darstellenden Kunst einen zweifachen heuristischen Wert, indem sie als außerordentlich vielversprechendes Objekt der Untersuchung sowohl der Gesetzmäßigkeiten des schöpferischen Prozesses als auch der Gesetzmäßigkeiten des menschlichen Verhaltens selbst dienen kann.«

»Der Bühnenkünstler, Regisseur oder Schauspieler muss die Verhaltensmotive der handelnden Personen, die Logik ihrer Handlungen, das komplizierte System der zwischenmenschlichen Beziehungen analysieren und dabei oftmals seine Deutung des dramatischen Materials ändern.«

(Pavel Vasilevič Simonov: Höhere Nerventätigkeit des Menschen. Motivationelle und emotionale Aspekte. Berlin: Volk und Gesundheit 1982, S. 135, 140 f.)

»Theater ist die tätige Reflexion des Menschen über sich selbst.«

(Novalis: Fragment 2400. In: N.: Briefe und Werke. Hg. Ewald Wasmuth. Bd. 3. Berlin: L. Schneider 1943, S. 620)

Im vorliegenden Buch liegt der Hauptakzent auf dem Spiel der schauspielenden Schülerinnen und Schüler. Diese Akzentuierung erschien mir notwendig, um ein Grundverständnis für die Besonderheit darstellenden Spiels, für die Bedingungen seines Zustandekommens und die daraus resultierenden Möglichkeiten des Umgangs mit ihm entwickeln zu helfen.

Denn darstellendes Spiel und Theater sind nicht synonym. Es ist inzwischen üblich, für die Benennung des Faches und der entsprechenden Unterrichtsinhalte und -methoden einzelner Fächer die Bezeichnung ›Darstellendes Spiel‹ zu verwenden. Dass das nicht ganz korrekt ist, wird in Diskussionen spiel- und theaterpädagogischer Provenienz gelegentlich angemerkt. Die bessere Bezeichnung wäre ›Theater‹, denn in den Rahmenrichtlinien der Bundesländer für das Fach Darstellendes Spiel (so es als Fach existiert) sind alle Tätigkeiten enthalten, die Theater insgesamt ausmachen. Es wird also nicht nur auf den Bestandteil Spiel innerhalb des kollektiven Kunstwerks Theater insistiert. Auch im Fachunterricht, insbesondere im Deutschunterricht, subsumiert man in der Regel alle gängigen von Tätigkeiten im und um das Theater abgeleiteten Verfahren zur handlungs- und produktionsorientierten Aneignung von Unterrichtsgegenständen unter den Begriff ›darstellendes Spiel‹. Insofern ist schon der Unmut mancherorts zu verstehen, wenn allzu forsch von den persönlich-

7

keitsbildenden Potenzen darstellenden Spiels gesprochen wird, wo im Theaterprojekt nur einige, die schauspielenden Schülerinnen und Schüler nämlich, damit in Berührung kommen. Der an der Tontechnik sitzende Schüler hat in jedem Fall seinen Anteil am Gelingen des Projektes, auch kann er sicher für seine persönliche Entwicklung einiges aus der Mitarbeit an diesem lernen, auf die Wirkung darstellenden *Spielens* ist das allerdings nicht zurückzuführen. Im Extremfall braucht sich dieser Schüler nicht einmal für Theater zu interessieren, allein die Begeisterung für die Technik kann ausreichender Grund für seine Beteiligung am Projekt sein.

Um diesem weiten Begriff dennoch gerecht zu werden, unterscheide ich in diesem Buch ›darstellendes Spiel im engeren Sinn‹ und ›darstellendes Spiel im weiten Sinn‹. Diese (in der Fachliteratur nicht übliche) Unterscheidung soll dem besseren Verständnis dessen dienen, was ich im Folgenden zu beschreiben suche.

Unter ›darstellendem Spiel im engeren Sinn‹ verstehe ich eine Form menschlichen Spiels, die sich aufgrund ihrer Struktur und ihrer Funktion von der ihr ähnlichen Form des Rollenspiels abgrenzen lässt. Diese Spielform setzt die Trennung von Schauspieler und Publikum voraus und entsteht, wenn Menschen als künstlerisch konkrete Figuren in künstlerisch konkreten Situationen gespielt werden. Darstellendes Spiel ermöglicht so die Aneignung von Welt auf der Basis individueller, persönlichkeitsbezogener Sinngebung. Dies unterscheidet es vom Rollenspiel, bei dem das Spiel allgemeiner Merkmale einer Rolle hinführt zur Aneignung von Welt auf der Basis allgemeiner Bedeutungen. Deshalb kann darstellendes Spiel für Jugendliche ähnlich wichtig sein, wie es das Rollenspiel für Kinder ist. Es unterstützt auf bestimmte Weise eine sensible Phase psychischer Entwicklung des Menschen.

Um eine Art prinzipiellen Umgangs mit darstellendem Spiel zu verdeutlichen, zeige ich dessen äußere Strukturierbarkeit, die bestimmte Grundvarianten methodischen Vorgehens ermöglicht. ›Grundvarianten‹ deshalb, weil sie demonstrieren, wie das eine Szene konstituierende darstellende Spiel überhaupt entwickelt werden kann. Meine Erfahrung ist nämlich, dass Lehrerinnen und Lehrer den Übergang von der (literarischen) Vorlage zum Spiel als die eigentliche Schwierigkeit benennen.

Weniger Probleme bereitet offenbar der Umgang mit ›darstellendem Spiel im weiten Sinn‹. Im Abschnitt dazu beschränke ich mich deshalb auf Überlegungen, die in der Regel die Vorbereitung einer Theateraufführung begleiten (sollten).

Der zunehmenden multimedialen Durchdringung unseres Alltags und der daraus resultierenden Verankerung entsprechender Lerninhalte auch im Bereich/Fach Darstellendes Spiel Rechnung tragend, erläutere ich darüber hinaus die Möglichkeit der Verknüpfung von darstellendem Spiel und Medien am Beispiel der eigenen filmischen Adaption literarischer Vorlagen mittels Video.

Es geht mir also weniger um methodische Rezepturen. Darum habe ich versucht, den Umgang mit darstellendem Spiel so aufzubereiten, dass mit der genauen Bestimmung des Begriffs notwendige Stationen und Verbindungen in ihrer Grundfiguration erkennbar werden. Ich hoffe, damit so etwas wie ein Handlungsmuster umrissen zu haben, von dem aus sich jede Spielleiterin und jeder Spielleiter mit der Vielzahl von Spielen, Übungen und Methoden szenischen Arbeitens auseinander setzen kann, die sie oder er im Verlauf ihrer oder seiner Spielbiografie erfahren.

Abschließend möchte ich an dieser Stelle allen danken, die auf verschiedenste Weise Anteil am Zustandekommen dieses Buches haben. Besonderer Dank gilt dabei den Professoren Erhard Köstler und Wolfgang Brekle, die mir die theoretische und praktische Arbeit auf diesem Gebiet ermöglichten und mich mit ihren Anregungen und ihrer Person viele Jahre in meinem Bemühen um das darstellende Spiel und darüber hinaus unterstützt haben. Der Herausgeberin danke ich sehr für ihre Geduld und das genaue Lesen des Manuskripts. Ihrer Umsicht ist es zu danken, dass das Buch in der jetzigen Form vorliegt.

I Bedingungen und Voraussetzungen für Theaterspielen

Eigene Erfahrungen beim Spiel mit Kindern, Jugendlichen und Erwachsenen unterschiedlichen Alters zeigen, dass es sinnvoll ist, zunächst im und durch Spiel die kollektiven und die individuellen Voraussetzungen für das Theaterspielen bewusst werden zu lassen. Eine empfehlenswerte Übung dafür ist das Spielen von Redewendungen.[1]

Es werden Paare gebildet. Jedes Paar erhält einen Zettel, auf dem ein Sprichwort oder eine Redewendung (idiomatische Wendung) steht. Die Paare sollen nun das Geschriebene pantomimisch darstellen, etwa:

- Stille Wasser sind tief. (Sie rauschen, wann sie wollen.)
- Lieber den Spatz in der Hand als die Taube auf dem Dach.
- Andere Städtchen, andere Mädchen
- Gegensätze ziehen sich an.
- Jemanden auf Händen tragen
- Ein Auge auf jemanden werfen
- Jemandem schöne Augen mache
- Jemanden um den Finger wickeln (können)
- Jemandem den Kopf verdrehen
- Jemandem einen Korb geben/einen Korb bekommen
- Feuer fangen
- Aus den Augen, aus dem Sinn
- Unter dem Pantoffel stehen
- Jemandem die kalte Schulter zeigen

Mit dieser Übung werden kleine Szenen angeregt, die Situationen zeigen, in denen die Sprichwörter oder Redewendungen gebraucht werden. Es geht nicht darum, die bündigste darstellerische Variante für schnellstmögliches Erkennen beim Zuschauer zu finden. (Also nicht so, dass sich etwa ein Junge bei der Redewendung ›Ein Auge auf jemanden werfen‹ vor die Klasse stellt, sehr heftig seinen Kopf herumschleudert und dabei die Augen weit aufreißt.)

Nach den Spielszenen der einzelnen Paare wird über deren Darstellung gesprochen. Zunächst sagen die Zuschauenden, was sie gesehen haben. Die Spielleiterin oder der Spielleiter sollte darauf achten, dass diese wirklich beschreiben, was auf der Bühne zu sehen gewesen ist, und sich nicht in das Raten von Redewendungen ›flüchten‹. Schon hier gilt: *Beschreiben geht vor deuten!* (Die Erfahrung zeigt, dass die Zuschauenden für das Benennen des Gesehenen sehr schnell interne ›Checklisten‹ mit Redewendungen durchforsten.) Anschließend werden die Aussagen der Zuschau-

enden mit denen der Spielerinnen und Spieler über ihre Absichten vergli-
chen. So wird einerseits schnell ersichtlich, was die Spielenden zeigen wollten und was wirklich davon beim Publikum angekommen ist, andererseits erfährt jeder etwas über die Befindlichkeiten des anderen beim Spielen. In den Gesprächen werden in der Regel folgende Probleme benannt:

Erstens Die kleine Szene zu realisieren fiel schwer, weil die Spieler
nicht wussten, *was* sie zeigen sollten. Ihnen fehlte die Vorstellung der
konkreten sozialen Situationen, in denen die entsprechenden Redewendungen und Sprichwörter Verwendung finden. ›Aus den Augen, aus dem
Sinn‹ etwa wurde so dargestellt, dass sich zwei Menschen voneinander
verabschieden, eigene Wege gehen, sich später erneut begegnen und an-
einander vorbeigehen, als würden sie sich nicht kennen. Dass die Redewendung eher darauf zutrifft, dass man einen Menschen, zu dem man ein
inniges Verhältnis hat, vergisst, wenn er einem ›aus den Augen‹ ist, war
in dem Fall nicht bekannt. Spieler, denen die Redewendung geläufig war,
fanden eine geeignete Spielweise, indem sie ein sich beim Abschied zärtlich umarmendes Paar zeigten, beispielsweise auf dem Bahnhof. Im Zug
entdeckt der eine Partner eine neue ›Liebe‹. Ebenso der andere, der die
Bahnhofshalle verlässt.

Zweitens Die Spieler wussten zwar, was sie spielen wollten, aber
nicht, *wie* sie es darstellen sollten. Unsicherheit verhinderte das Sichtbar-
werden des Eigentlichen. So wissen die Spielenden nicht, wo sie mit den
Händen hin sollen, und haben generell das Gefühl, viele ›überflüssige‹
Körperteile zu haben. Sie tänzeln auf der Stelle oder laufen unmotiviert
herum, weil sie es nicht ertragen können, scheinbar untätig vor Publikum
zu stehen und sich anschauen zu lassen. So wird beispielsweise öfter als
üblich das Haar gerichtet oder die Bluse glatt gezogen. Es stehen dann
lauter schüchterne Menschen auf der Bühne, die jedoch nach der Spieli-
dee keineswegs als schüchterne Menschen gedacht waren.

Drittens Die Unsicherheit ist verbunden mit dem Gefühl von (noch)
darstellerischem Unvermögen. Auch das kann die eigentliche Absicht der
Spieler verdecken. Was kann ich mit meinem Gesicht, meinem Körper,
meinen Gesten wie ausdrücken? Dass die Beantwortung dieser Frage mit
dem Vermögen, Theater zu spielen, zusammenhängt, ist für die Spielenden am ehesten einsichtig. Weniger bewusst ist ihnen, dass diese Frage
impliziert, die eigene Körperlichkeit beim Spiel auch zu *berücksichtigen*.
Was damit gemeint ist, möchte ich an einem Beispiel illustrieren, auf das
ich noch mehrere Male zurückkommen werde:

In einem Seminar erhielten Lehramtsstudentinnen und -studenten
die Aufgabe, für einen kurzen Dialog aus Samuel Becketts *Warten auf*

Godot (Auszug in: DSpT, 22) verschiedene Spielvarianten zu finden. Eine Studentin und ein Student spielten zwei Expeditionsteilnehmer mit schwerem Gepäck. Der eine (die Studentin) blieb plötzlich zurück, zog sich die Schuhe aus und betrachtete die wund gelaufenen Füße. Als auf die Frage des männlichen Spielers »Tut's weh?« die höhnische Antwort »Weh! Er fragt mich, ob es weh tut!« erfolgt, wird dieser sehr wütend und beklagt sich: »Nur du leidest, nur du! Ich zähle nicht. Ich möchte dich mal an meiner Stelle sehen. Du würdest mir was erzählen.«

Es gibt also etwas, was auch dem zweiten Expeditionsteilnehmer zu schaffen macht. Was es sein könnte, war allerdings nicht zu sehen. Den Eindruck, es könnten die körperlichen Anstrengungen sein, hatten die Zuschauenden jedenfalls nicht. Und dies nicht ohne Grund. Der Student überragte seine Mitspielerin um mehr als Kopfeslänge und war von einer Statur, dass ihm eher zugetraut wurde, die Studentin zusätzlich zum Gepäck auf den Armen tragen zu können. Von Strapazen keine Spur. Die beiden Spieler hatten bei ihrer Idee, den Schluss der Szene so zu motivieren, dass auch der andere ›schwer zu schleppen hat‹, ihre körperlichen Voraussetzungen nicht berücksichtigt. Hier gab es also keine Schwierigkeiten bei der Gestaltung der Szene, einzig die Körperlichkeit der beiden Spieler beeinträchtigte deren Glaubwürdigkeit. Dabei hätten sie nur die Rollen tauschen müssen …

Zum (noch) darstellerischen Unvermögen gehört auch das Problem der mangelnden Aufbereitung der Szene. Wie wird die Szene ›gebaut‹? Welche Vorgänge dienen der Charakterisierung der Figuren und der Situation? Welche Handlungen gehören dazu, welche nicht? Wie werden sie sinnvoll angeordnet und voneinander abgesetzt? Um bei dem Beispiel ›Aus den Augen, aus dem Sinn‹ zu bleiben: Die Umsetzung dieser Redewendung verlangt das Spielen von zwei unterschiedlichen Vorgängen. Zum einen muss gezeigt werden, dass zwei Menschen eine enge Beziehung zueinander haben; zum anderen muss zweifelsfrei erkennbar sein, dass sich einer oder auch beide übergangslos neuen Partnern zuwenden, ist der andere ›aus den Augen‹. Beginnt die Szene mit bloßem Händeschütteln zur Verabschiedung und endet sie mit bloßem Händeschütteln bei der Begrüßung eines anderen Menschen, dürfte die Besonderheit dieser Redewendung schwer zu erkennen sein, ist Händeschütteln doch in verschiedenen Lebenszusammenhängen alltäglich.

Viertens Die Szene funktionierte auch deshalb nicht, weil die Spieler Hemmungen hatten, auf der Bühne miteinander umzugehen. Die übertragene Bedeutung der Redewendung ›Aus den Augen, aus dem Sinn‹ konsequent spielen hieß, sie auch in ihrer erotischen Dimension, der Beziehung zwischen Mädchen (Frau) und Junge (Mann), darzustellen. Und das bedeutete, sich beim Spiel ziemlich nahe zu kommen, sich vielleicht sogar zu berühren. Worin unterscheidet sich der Abschied zweier Liebender, die für eine Weile getrennt sein werden, von der freundlichen Verabschiedung zweier Arbeitskollegen, wenn nicht durch den Austausch von Zärtlichkeiten? Genau das aber trauten sich die Spieler nicht.

Damit sind wesentliche Voraussetzungen angesprochen, die erfüllt sein müssen, um darstellendes Spiel so zu realisieren, dass die Zuschauenden das Gemeinte auch erkennen:

- Vertrauen und Vertrautheit zwischen den Spielern,
- wahrnehmen können *und*
- darstellen können!

Diese Voraussetzungen sind auch für nichtprofessionelle Theaterspielerinnen und -spieler entwickel- und erlernbar. Als Hilfen dafür gibt es die unterschiedlichsten Spiele und Übungen (gemäß der Methode ›Zum Spiel über Spiel!‹), deren Kenntnis und Beherrschung bei Spielleiterinnen und Spielleitern vorausgesetzt werden muss. Denn zum Spaß und zum Wohlfühlen gehört beim darstellenden Spiel eben eine Menge davor, ein so genanntes Warm-up, also ein Aufwärmen, ein Einstimmen. Theaterproben (aber auch Spielsequenzen im Unterricht!) sollten deshalb immer mit einem Warm-up beginnen.

II Warm-up

Im Folgenden stütze ich mich auf die im Band *Darstellendes Spiel. Texte* (Berlin: Volk und Wissen 1996) beschriebenen Spiele und Übungen. Sie eignen sich als Einstieg in die Gestaltung von Warm-ups. Diese Spiele und Übungen werden zum Teil in der Schauspielausbildung[2] verwendet und finden sich in Abwandlung auch in anderen Darstellungen. Für die Erweiterung des eigenen Spielrepertoires verweise ich darüber hinaus auf inzwischen erschienene Spielkarteien (↗ Literaturhinweise, ›Spielsammlungen und -karteien‹).

Entwicklung von Spielbereitschaft und Spielfähigkeiten

Der Sinn von Warm-up besteht zunächst darin, behutsam bestimmte Voraussetzungen für darstellerische Aufgaben zu entwickeln. Es geht dabei um Lockern, Sensibilisieren, den Abbau von Hemmschwellen, die Schulung von Selbst- und Fremdwahrnehmung, von Bewegung und Rhythmus etc. Jedem dürfte einleuchten, dass als Erstes den Beziehungen zwischen den Spielenden viel Aufmerksamkeit gelten sollte.

Kennen sich die Kursteilnehmerinnen und -teilnehmer nicht, sollte sich am Anfang jeder namentlich vorstellen und kurz etwas zu sich selbst sagen. Schon für diese erste Form des Näherkommens ist Vorstellung in einer Spielrunde geeigneter als eine Gesprächsrunde. Ein schönes Spiel dafür ist das folgende:

> Spielerinnen und Spieler sitzen im Kreis und erhalten die Aufgabe, nacheinander eine (wie sie glauben) für sie typische Haltung, Geste, Tätigkeit oder Verhaltensweise zu demonstrieren und danach ihren Namen zu nennen. Die jeweils nächsten Spielerinnen und Spieler müssen die zuvor gezeigten Haltungen und die dazugehörenden Namen wiederholen, ehe sie sich selbst vorstellen. Für die erste Mitspielerin oder den ersten Mitspieler ist die Vorstellung noch leicht, alle nachfolgenden haben sich eine wachsende Anzahl von Haltungen und Namen zu merken. (DSpT, 8 [Spiel 4])

Der Vorteil dieser Kennenlernübung ist die Verbindung von verbal-akustischer und visueller Komponente. Manche erinnern über Haltung, Geste, Tätigkeit oder Verhaltensweise den Namen, andere haben sich den Namen gemerkt, und erst dann fällt ihnen wieder ein, was die jeweilige Mitspielerin oder der jeweilige Mitspieler gezeigt hat. Darüber hinaus wird auch auf die Bedeutung der genauen Wahrnehmung aufmerksam gemacht. Es ist schon lustig anzusehen, wie sich Tätigkeiten, wie reiten, lesen, Musik hören, Briefe schreiben, stricken oder tanzen, in den reproduzierenden Vorführungen der einzelnen Spielerinnen und Spieler gegenüber dem Original verändern.

Vertrauen und Vertrautheit

Dieses noch oberflächliche Kennenlernen reicht nicht aus, um Vertrauen, Vertrautheit, Nähe und Verantwortung innerhalb einer Gruppe entstehen zu lassen. Solche Qualitäten müssen behutsam wachsen. Auch dafür gibt es geeignete Übungen, zum Beispiel:

> Die Spielenden stellen sich in einem Kreis auf. Eine Spielerin oder ein Spieler steht in der Mitte des Kreises und schließt die Augen. Die Spielleiterin oder der Spielleiter dreht sie oder ihn einmal um sich selbst und schickt sie oder ihn dann durch den Kreis. Die anderen Spielenden sind dafür verantwortlich, dass ihr oder ihm nichts passiert, also dass sie oder er ordentlich in Empfang genommen und vernünftig wieder losgeschickt wird. (DSpT, 9 [Spiel 9])

Wichtig ist, dass alle diese Erfahrung machen können. Im Anschluss sollte darüber gesprochen werden. Zuerst erhalten die Spielerinnen und Spieler Gelegenheit, über das zu sprechen, was sie an sich selbst erlebt haben. Erst danach sollte die Gruppe diese Befindlichkeiten mit dem vergleichen, was bei jedem Einzelnen zu beobachten war.

Deutlich wird bei dieser Übung, dass es keinen Zweck hat, so zu tun, als mache es einem nichts aus, mit geschlossenen Augen durch den Raum geschickt zu werden. Die anderen im Kreis können in jedem Fall kontrollieren: Sie bemerken die verkrampfte Körperhaltung beim Gehen, das Fingerschnipsen, den tief in den Schultern sitzenden Kopf usw. Der oder dem Spielenden im Kreis nützt es nichts, sich die Spielregel (›Sie müssen mich auffangen!‹) zu vergegenwärtigen. Ist ein Sinn ausgeschaltet, stellt Sicherheit sich nur dann ein, wenn die Verantwortung der Gruppe im direkten Wortsinn für jeden spürbar wird, etwa an der Art des In-Empfang-Nehmens und des Losschickens. Also erst dann, wenn Verlässlichkeit *erlebt* wird.

S. (15 Jahre), Mitglied einer Theatergruppe, mit der ich zwei Jahre Theater gespielt habe und die anfangs aus Schülerinnen und Schülern einer neu zusammengesetzten Klasse bestand, schreibt in seinem Probentagebuch[3]:

»Am sichersten fühlte ich mich bei S. und B. Die beiden waren sehr bestimmt und trotzdem rücksichtsvoll vorgegangen. Von S. hatte ich das ja erwartet, doch B. hat mich hier das erste Mal überrascht … Stichwort M.: Er war ganz schön rabiat. In dieser Richtung hatte ich manchmal schon etwas Angst vor Stuhl- und Tischbeinen. Ich glaube, es war das erste Mal, dass ich mich fühlte wie in meiner Klasse. Bisher war alles nur so ›kalt‹ gewesen: Pflichtveranstaltungen. Ich habe mich immer noch besser bei meiner alten Klasse gefühlt. Wenn die gemeinsamen Nachmittage der 9 […] doch immer so gemütlich wären. Aber wir kennen uns ja auch kaum.«

Die Spiele in der Theatergruppe waren also für den tatsächlich in der Klasse stattfindenden Prozess, miteinander bekannt zu werden, relevant.

Dieser Vorgang kann mit entsprechenden Übungen immer weiter vorangebracht werden. ›Berührungsängste‹ im wahrsten Sinne des Wortes abzubauen braucht Zeit, Takt, Aufmerksamkeit und Einfühlungsvermögen. Der Spielleiterin bzw. dem Spielleiter obliegt es, den richtigen Zeitpunkt für die Vertiefung in den Spielen und Übungen zu finden. Das falsche Spiel zum falschen Zeitpunkt bringt Verletzungen, die unter Umständen nur schwer durch nachträgliche Erklärungen zu heilen sind.

Das relativ bekannte und sehr reizvolle Spiel ›Was wäre eine Mitspielerin bzw. ein Mitspieler, wenn sie/er ein Tier, eine Pflanze, ein Lebensmittel, ein Möbelstück, eine Sportart, ein Geruch, ein Kleidungsstück, ein Bild, ein Auto usw. usf. wäre?‹ zum Beispiel setzt ein gewisses Stadium gegenseitiger Nähe voraus. Nicht nur, weil sich bei dem Spiel sehr schnell herausstellt, wie gut man einander wirklich schon kennt, um die passenden Vergleiche zu finden. Wichtiger scheint hier zu sein, dass keiner die Vergleiche übel nimmt oder übel nehmen muss. Hier können sehr wohl Selbstbilder mit Fremdbildern kollidieren, wenn erst durch das Spiel, also indirekt, zutage tritt, wie andere einen sehen. Das bewirkt dann auch die Unsicherheit, ob dieses Bild mit einer negativen oder positiven Bewertung versehen ist. Eine Studentin berichtete, dass sie bei diesem Spiel schon einmal ›ins Fettnäpfchen getreten‹ sei. Sie antwortete auf die Frage »Was wäre der/die Gesuchte, wenn er/sie ein Spielzeug wäre?« spontan »eine Matrjoschka«, weil die gesuchte Kommilitonin schwanger war. Diese fühlte sich getroffen. Die Erklärung, den Vergleich als etwas Schönes gemeint zu haben, half wenig. Unter Freunden, wo jeder seine ›Rolle‹, seinen ›Status‹, ja seinen ›Wert‹ für den anderen kennt und weiß, was er von den Bemerkungen der anderen zu halten hat, spielt sich dieses Spiel wesentlich angenehmer als etwa in der spannungsgeladenen Atmosphäre einer Gruppe 15-jähriger Mädchen unterschiedlicher Klassen in der Anfangszeit gemeinsamer Proben.

Als Beispiel für den Versuch, unbeschwertes Umgehen miteinander wachsen zu lassen, füge ich eine Übung an, die ebenfalls nicht zu früh probiert werden sollte.

> Alle Mitspielenden schließen die Augen und gehen wahllos im Raum umher. Wenn sie jemanden treffen, versuchen sie, durch Tasten herauszufinden, wen sie getroffen haben. Haben sie sich erkannt, geben sie das durch eine kleine Geste zu verstehen und verabschieden sich. (DSpT, 10 [Spiel 12])

Was in einem anschließenden Gespräch thematisiert werden könnte, verdeutlicht folgender Probenmitschnitt:

M. Ich würde sagen, bei Ihnen, bei S. und bei A. war es ziemlich schwer. Aber ich habe bei A. den Pullover gespürt, und da habe ich gemerkt, dass der Stoff vom Pullover etwas dicker ist als von S. Bei Ihnen, da ist nicht so ein Muster drauf. Und bei S. auch nicht. Da habe ich das dann unterschieden. Bei allen anderen war es ziemlich leicht zu erkennen. T. war leicht, SA. auch.

A. Also ganz genau habe ich es auch nicht immer gewusst. S. hat einen Kragen am Pullover. T. habe ich eigentlich immer erkannt, von der Größe her. SA. durch die Wollweste. B. habe ich nicht getroffen.

B. Doch. Klar haben wir uns getroffen.

A. Ja?

S. Im Prinzip habe ich nicht hundertprozentig sicher erkannt, wer es war. Manchmal habe ich arge Schwierigkeiten gehabt. Ich glaube, du warst das einmal. Warst du das, wo ich den Arm dann noch zurückgezogen habe?

M. Ja, du warst das, aber bei mir fasste an jedem Arm und jeder Schulter einer an. Ich wusste gar nicht mehr, was ich machen sollte.

S. Mir fällt noch auf, dass du immer so unscheinbar bist. Ich habe mir deine Klamotten gar nicht richtig eingeprägt. Vorher. Also, ich wusste bei allen so ziemlich, was sie anhatten, außer bei dir. Ich wusste zwar Pullover, hatte ihn mir aber so nicht eingeprägt. Da habe ich nun gesucht und gesucht, wer könnte das sein. Ja, bis ich dann auf M. gekommen bin, das dauerte eine Weile. Dann hatte ich Schwierigkeiten, weil ich gerade bei Pullovern bin, bei T. und B. Weil diese Stoffe so ähnlich sind. Und da habe ich bei T. immer gesucht. Wo ist der Schmuck, wo ist der Schmuck, die Uhr? Gar nichts, habe ich gedacht. Hat das Zeug abgemacht. Bei dir war es leicht, dieser ganze Schmuck.

SA. Er kam immer in einem ziemlich hohen Tempo an. Da hat man immer gleich gemerkt, wer an einem vorbeibrauste. Bei dir am Stoff. Bei dir, immer ganz vorsichtig getappt, und dann kam was ganz Großes. Das merkt man doch, wenn große Hände kommen. Sie hatten immer so warme Hände. Beim T. am Stoff. Ich kann gar nicht so sagen, dass ich mit Pullovern Schwierigkeiten hatte. Ihrer ist ganz mollig, ganz weich. Bei A. habe ich es auch immer gemerkt, weil, erstens kam er angeschossen, zweitens, als er mich erkannt hatte, machte er so [Schulter klopfen] und ging. M. habe ich sofort an seinem Kragen erkannt. Vor allem, wir haben uns oft getroffen.

M.   Ja, ständig.

Sᴀ.   Ja, ständig. T. habe ich nur einmal getroffen. Der hatte gerade S. ›in Arbeit‹. Da bin ich weitergestürzt, und deshalb weiß ich nicht genau, ob sie mich auch erkannt haben. Na, ich dachte, lass die sich erstmal erkennen.

T.   Bei S. hatte ich einige Probleme. Sᴀ. habe ich gleich erkannt. Am Armschmuck. A. habe ich sofort erkannt, ich weiß auch nicht, warum. Bei M. habe ich gehört, wie er läuft.

Sᴘɪᴇʟʟᴇɪᴛᴇʀ   Worauf habt ihr noch geachtet? Es ist oft der Stoff erwähnt worden …

S.   Schultern. Es ist mir sofort aufgefallen, dass sie beide sehr breite Schultern haben. Bei S. war es klar, dass du das bist, weil, du hattest so viele Sachen an, dass die Schultern noch breiter waren. Bei M. hatte ich allgemein Schwierigkeiten. Und bei euch beiden, so schmale Schultern.

Sᴀ.   Sie spielen bestimmt darauf an, dass wir uns am Gesicht erkennen sollen. Denk ich mir jedenfalls. Bloß da haben wir bestimmt alle zu große Hemmungen.

M.   Ich habe dich einmal an deiner Brille erkannt.

B.   Also bei mir war es nicht so sehr die Kleidung, mehr so die Größe und die Art anzukommen, schnell, langsam. Sie haben so warme Hände.

Sᴘɪᴇʟʟᴇɪᴛᴇʀ   Ich habe versucht, mich auch auf andere Merkmale außer Kleidung zu konzentrieren. B. hat ganz kalte, eiskalte Hände. Du hast kurze Haare, B. lange Haare. Ich denke schon, dass das Problem eine Rolle spielt, das du [Sᴀ.] angesprochen hast.

Sᴀ.   Klar. Ist verständlich. Ist völlig verständlich. Ich meine, da sind Leute, die ich von irgendwoher kenne und die soll ich total abtasten. Da braucht man schon eine nähere Beziehung zu ihnen.

Sᴘɪᴇʟʟᴇɪᴛᴇʀ   Stimmt.

Der Vorteil dieses Spiels besteht darin, dass es die Möglichkeit lässt, ›auszuweichen‹. Jemanden abzutasten oder abgetastet zu werden, fällt nicht so leicht. Deshalb beginnt man vorsichtig, mit äußeren Merkmalen, wie der Kleidung. Körperkontakt, wie das Berühren der Hände oder das Suchen nach Schmuck auch an den Ohren, stellt sich erst langsam her. Wird dieser Körperkontakt als angenehm empfunden, traut man sich. Die Sachtheit von Berührungen zu spüren und spüren zu lassen, dabei sich und den anderen auf neue Weise zu entdecken, verdrängt das Gefühl von Peinlichkeit zunehmend. Es bleibt die knisternde Spannung von Annäherung, Erkennen und Erraten der Spielpartner.

Zu diesem Spiel äußerte einer der Spielenden:

»Ich finde das gut. Weil, als wir noch klein waren, da haben wir das im Keller auch gespielt. Da es finster war, mussten wir uns an allen möglichen anderen Dingen erkennen. Wir kannten uns auch ganz genau, konnten vom Gesicht ablesen, was der andere denkt. Und in dieser Klasse ist das eben nicht so. Deswegen finde ich das gut. Vielleicht sollte man solche Spiele mal mit 31 Schülern machen.«

Wahrnehmen und Darstellen

Zeigen kann ich einem Publikum nur etwas, was ich vorher genau wahrgenommen habe. Dies bezieht sich natürlich nicht nur auf nonverbale Kommunikation, Mimik und Gestik, sondern ebenso auf soziale Situationen und auch auf Räume, Geräusche, Materialien, Gerüche usw.

Die Bedeutung der Wahrnehmung für die Darstellung lässt sich vielleicht am ehesten veranschaulichen, wenn eine Situation geschaffen wird, in der die Spielenden von dem überrascht sind, was sie tun und sehen. Ein Beispiel:

Studentinnen und Studenten eines Seminars erhielten die Aufgabe, ›Kaufhaus‹ zu spielen. Sofort begann ein aufgeregtes Durcheinander, jeder rannte von Stand zu Stand, von Etage zu Etage. Kaum irgendwo angelangt, schien allen etwas anderes einzufallen, und jede bzw. jeder Spielende kehrte auf der Stelle um. Danach sollten die Studentinnen und Studenten in ein großes Kaufhaus am Ort gehen, sich ein oder zwei Personen aussuchen und sie ›auf Schritt und Tritt‹ verfolgen und beobachten, um sie anschließend vorspielen zu können. (DSpT, 13 [Spiel 30])

Im Gespräch nach dieser Übung, die – nebenbei gesagt – allen viel Spaß bereitet hat, wurde sofort darauf verwiesen, dass es in einem Kaufhaus offenbar ruhiger zugeht, als eingangs gezeigt wurde. Die Wahrnehmung spielt uns einen Streich, wenn die Tatsache, dass sich sehr viele Menschen in einem Kaufhaus kreuz und quer durcheinander bewegen, uns suggeriert, es würde auch alles sehr schnell ablaufen. Die einzelnen Kunden nehmen sich in der Regel Zeit, wissen, was sie kaufen wollen, und haben sehr oft wohl auch genaue Vorstellungen davon.

Die Beobachtungsübung hat die Perspektive auf den einzelnen Menschen und sein Tun im Kaufhaus fokussiert. Die Szenerie wird glaubwürdiger und darüber hinaus interessanter, weil jetzt auch die Verschiedenartigkeit der Kaufenden und der einzelnen Stände aufscheint. Junge und Alte, Frauen und Männer, verliebte Paare, Frauen mit ihren Männern im Schlepptau, im Fahrsimulator der coole Rennfahrer, Kinder, protestierend oder schüchtern, ihren Wunsch nach Beteiligung nicht durchsetzen können, werden ebenso lebendig wie die Vorgänge beim Schuhkauf, bei der Suche nach dem geeigneten Deo oder dem Kauf der Schachtel Zigaretten zwischen zwei Terminen.

Mit solchen Beobachtungsübungen wächst der soziale Erfahrungshorizont. Sie regen an, den eigenen Alltag wacher zu betrachten, aufmerksamer zu sein, für Menschen, ihre Verhaltensweisen und ihre Beziehungen zueinander. Man entdeckt Unvermutetes, Kurioses. Etwa den Mann, der in einem Restaurant am Tisch schläft, zurückgelehnt, den Kopf auf der Brust, die Hände im Schoß. Vor sich ein halb voller Teller mit darauf liegendem Besteck, daneben ein gefülltes Glas Cola. Er ist buchstäblich ›über dem Essen eingeschlafen‹. Oder zwei Betrunkene in der Straßenbahn. Beide ziemlich abgerissen, allerdings mit einem Hang zur ›Selbststilisierung‹. Der eine trägt sehr auffällige Turnschuhe, der andere einen Cowboy-Hut aus Leder und eine entsprechende Gürtelschnalle. Letzterer schläft, der Kopf hängt nach unten. Ersterer hält eine fast leere Flasche Goldbrand in der Hand. Als er dem vor ihm sitzenden Kumpel davon anbietet, antwortet dieser vollkommen betrunken, aber prinzipienfest: »Ich trinke keinen Schnaps.«

Es wächst der erinnerbare Fundus an Verhaltensweisen, der es ermöglicht, für das Spiel einzelne Varianten der Darstellung abzurufen. Und es entsteht schon hier ein Gefühl für Wiederkehrendes (Frau mit Mann beim Einkauf, typische Betrunkene) und Überraschendes im Wiederkehrendem (die prinzipielle Ablehnung einer bestimmten Art Alkohol von einem Betrunkenen).

Die Beobachtungen lassen sich natürlich weiter schärfen. Wurde zum Zweck der Einsicht in die Bedeutung genauer Wahrnehmung im Kaufhaus versucht, die beobachteten Menschen in ihren Verhaltensweisen, Reaktionen und ihrem Gebaren ganzheitlich zu erfassen und wiederzugeben, so gibt es auch die Möglichkeit, mimische und gestische Ausdrucksfähigkeiten unabhängig voneinander zu probieren.

Beginnen könnte solch partielles Üben mit der Beherrschung von Kopf und Gesicht. Ein geeignetes Spiel dafür ist »Masken werfen« (DSpT, 13 [Spiel 27]):

> Eine Spielerin oder ein Spieler wischt mit der Hand über das Gesicht und ›baut‹ dabei mit ihrem/seinem Gesicht eine ›Maske‹ auf. Nachdem sie/er diese ›Maske‹ eine Weile dem Spielkreis gezeigt hat, wird sie wieder weggewischt und einer anderen Spielerin bzw. einem anderen Spieler ›zugeworfen‹. Diese bzw. dieser wiederholt zunächst, was sie/er gesehen hat, und ›baut‹ danach die eigene ›Maske‹ auf usf.

Dieses Spiel macht besonders dann Spaß, wenn deutlich zu sehen ist, wie Hemmschwellen langsam abgebaut werden. Die meisten beginnen mit sehr sparsamen Veränderungen des Gesichtes. Niemand will sich allzu sehr ›entstellen‹ oder andere beleidigen (darstellendes Spiel berührt eben auch Eitelkeiten). Konventionen des Alltags überprägen die Spielsituation um so deutlicher, je älter die Spieler sind. Kindern fällt dieses Spiel wesentlich leichter. In einem Fortbildungsseminar entschuldigte sich eine Lehrerin sofort nach dem Zungezeigen bei der entsprechenden Mitspielerin, es wäre nicht so gemeint gewesen. Allerdings, wehe wenn Jugendliche (und Erwachsene) erst einmal losgelassen …

Der Schwierigkeitsgrad des Spiels lässt sich erhöhen, indem innere Befindlichkeiten (Trauer, Fröhlichsein, Nachdenken, Konzentration, Spott, Skepsis, Bewunderung, Überraschung usw.) gezeigt werden sollen (↗ Abb. 1–4). Die Spielerinnen und Spieler haben immer erst *nach* der Reproduktion des gezeigten Zustandes die Aufgabe, ihn zu benennen.

Natürlich kann man dieses und andere Spiele auch konkret mit Blick auf einen Text hin motivieren. In einer Szene des Stücks *Kleiner August* von Lars Vik (Auszug in: TSpK, 49–51) beispielsweise sind zwei Mädchen unterwegs, um Fundstücke zu machen. Eine der beiden, MÄDCHEN 2, findet in einem Park unter einer Bank einen »ausgelatschten Turnschuh«. Zu ihrer großen Überraschung zieht sie mit dem Schuh einen Jungen unter der Bank hervor. Aufgeregt bedeutet sie der vorausgegangenen Freundin, sich anzuschauen, was sie gefunden hat. Als MÄDCHEN 1 sich umdreht, ist der Junge wieder unter der Bank verschwunden. Um ihn nicht zu vertreiben oder um es spannend und geheimnisvoll zu machen, sagt MÄDCHEN 2 nicht, was sie meint, sondern »zeigt heftig mit dem Finger unter die Bank und schneidet dorthin weisende Grimassen« (ebd., 50). Da die Freundin nicht gleich versteht, müssen es verschiedene Grimassen mit verschiedenen Intentionen sein, und alles wird sich eine Weile hinziehen. Für die Zuschauenden ist es eine lustige Angelegenheit, wenn MÄDCHEN 1 mit ebensolchen Grimassen antwortet und sozusagen ein ›Grimassendialog‹ entsteht, bevor sie mit den Worten »Wir können doch keine Bank in den Sack stopfen« die Geduld von MÄDCHEN 2 erschöpft.

Die Schulung von Wahrnehmung und Darstellung könnte sich über folgende Übung fortsetzen:

> Die Hälfte der Gruppe wird gebeten, aus dem Raum zu gehen. Eine Spielerin oder ein Spieler nimmt eine bestimmte Körperhaltung ein und verharrt darin. Nun wird eine bzw. einer der wartenden Spielerinnen und Spieler hereingeholt und aufgefordert, sich die Haltung genau einzuprägen und sie dann ›stellvertretend‹ einzunehmen. Dann wird der/die Nächste hereingeholt. Das Spiel funktioniert also wie »Stille Post«. Die Haltung der letzten Spielerin oder des letzten Spielers wird am Schluss noch einmal mit dem Original verglichen. (DSpT, 13 [Spiel 28])

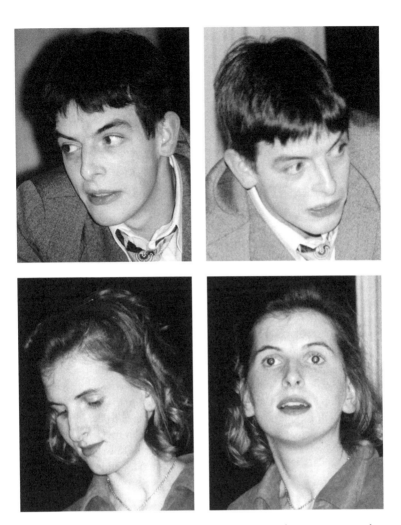

1–4 Mimik: Nachdenklich, aufgeregt, zufrieden, träumend (Rainer Erices und
Anka Hofmann – Proben zu Eugene O'Neills »Hughie«, Leipzig 1996, FZ Am
Mühlholz; Fotos: Axel Kühn, Leipzig)

Im Auswertungsgespräch sollte dann ergründet werden, wie und wodurch
sich die Haltungen verändert haben. Es wird festgestellt, dass die Übung
einfacher zu absolvieren ist, wenn den wahrgenommenen Körperhaltungen ein Titel zugeordnet wird oder werden kann, etwa ›Boxer‹, ›Tanz‹,
›Denkmal‹ oder ›Guck mal da‹ usw. Das heißt auch, dass Wahrnehmung
dann lernbar wird, wenn man sich nicht auf einzelne Finger- oder Fuß-

stellungen konzentriert, sondern bewusst den Gesamtausdruck in den Blick nimmt.

Diese Erkenntnis wird noch manifester, erhöht man den Schwierigkeitsgrad der Übung in Hinsicht auf Wahrnehmung und Darstellung von Handlungsabläufen, zum Beispiel:

> Kinderwagen schieben – mit dem Kind schäkern – Nuckel fällt heraus – Nuckel aufheben und sauber machen – dem Kind den Nuckel in den Mund stecken – das Kind streicheln – die Decke glatt ziehen – weiterschieben.
> (DSpT, 13 [Spiel 29])

Zu beachten ist dabei – und dies besonders bei Kindergruppen –, dass überschaubare Handlungsabläufe gewählt und nur die für eine bestimmte Tätigkeit typischen Handlungen einbezogen werden. Zeigt zum Beispiel ein Kind, wie es die Behausung seines Meerschweinchens säubert, dann gehört das Bringen des Mülleimers zum Container nicht dazu, da diese Handlung auch Bestandteil anderer Tätigkeiten (Vater hat ein Regal gebaut und es sind Späne gefallen o. Ä.) sein kann.

Abgesehen davon, dass dieses Spiel sehr viel Spaß durch verblüffende Wendungen provoziert, sind dabei spannende Beobachtungen und Erfahrungen zu machen. Zunächst wird eben wieder erfahrbar, dass derjenige im Vorteil ist, der erkannt hat, was er zeigen soll. Der Handlungsablauf ›Kinderwagen schieben‹ bleibt im Wesentlichen erhalten. Passieren kann hier ›nur‹, dass je nach Individualität der jeweiligen Spielerin oder des jeweiligen Spielers etwas dazuerfunden oder etwas weggelassen wird. Wird nur auf Details geachtet, richtet sich der folgende Handlungsablauf sehr oft nach dem, was die Spielerin oder der Spieler im Detail erkannt zu haben glaubt. Hat sie oder er zum Beispiel die Arme höher gesehen, als sie waren, und die Hände nicht um etwas greifend, sondern nach außen gekehrt, kann es passieren, dass sie oder er sich im Anschluss daran wie ein Clown bewegt.

Erfahrbar wird an diesem Spiel darüber hinaus auch, wie Theater funktioniert. Oft legen Spielende, bevor sie anfangen, die Hand überlegend an den Kopf, um sich den Handlungsablauf zu vergegenwärtigen. Die zusehenden Spielerinnen und Spieler meinen dann zumeist, dass diese Geste zum Spiel gehört. Ergebnis: Die überlegende Haltung vom Beginn bleibt unter Umständen in der Kette erhalten, während alles andere verschwindet. So bewahrheitet sich in diesem kleinen Spiel für alle sichtbar ein Merkmal von Theater: Es basiert auf Vereinbarung zwischen (Schau-)Spieler und Publikum. Wenn der Vorhang einmal geöffnet ist, gehört für die Zuschauenden alles zum Spiel, was sie sehen. Unterbricht eine Spielerin oder ein Spieler beim Schieben des Kinderwagens die Handlungskette, um zu überlegen, wie es weitergeht, werden alle nachfolgenden Spielerinnen und Spieler mit Sicherheit diese Geste in ihre Handlungsfolge einbeziehen.

Einstimmung auf Spielprozesse und konkrete Szenen oder Texte

Bisher war nur die Rede von der Funktion des Warm-up, Spielfähigkeiten zu entwickeln. Da man aber kaum von ungefähr zur Bezeichnung ›Warm-up‹ gelangt ist, wird die Rede von den Bedeutungen ›Aufwärmen‹ und ›Einstimmen‹ sein müssen.

Warm-up im Sinne von ›Aufwärmen‹ meint, dass damit allgemein Szenen- oder Stückerarbeitungen vorbereitet werden können. In Abhängigkeit von der Ausgangsstimmung der Spielenden werden dafür Spiele und Übungen zum ›Wachwerden‹ oder zur Beruhigung und Konzentration ausgesucht. Im Prinzip eignet sich dafür jedes Spiel – ausgenommen natürlich Brett- oder Kartenspiele.

›Einstimmung‹ präziser zu fassen, zielt auf die Vorbereitung auf eine bestimmte Szene, also auf das ›Herstellen‹ einer bestimmten psychischen und physischen Befindlichkeit, die die Bewältigung einer Szene oder die Darstellung einer Figur erleichtert. Da dies ungleich schwieriger und immer neu und anders zu gestalten ist, versuche ich anhand einiger Beispiele mögliche Vorgehensweisen zu erläutern.

Ich wende mich zunächst dem Problem zu, psychische und physische Befindlichkeiten herzustellen, die denen der zu spielenden Figuren ähneln, sodass deren Verhalten für die Spielenden nachvollziehbar wird.

In einem Spielseminar war auf Vorschlag einer Studentin eine Szene aus dem Hörspiel *Zeit der Schuldlosen – Zeit der Schuldigen* (als Stück u. d. T. *Die Schuldlosen*) von Siegfried Lenz darzustellen.

Der Gouverneur eines fiktiven Landes lässt Vertreter aller sozialen Schichten einer Stadt, lauter unbescholtene Bürger, verhaften und in eine Zelle sperren. Danach bringt ein Wächter einen offenbar gefolterten Mann, der an einem Attentat auf den Gouverneur beteiligt war. Die Bürger dürfen die Zelle sofort unbehelligt verlassen, wenn es ihnen gelingt, den Mann dazu zu bringen, dass er die Hintermänner des Attentats preisgibt oder seinen Überzeugungen abschwört und für den Gouverneur arbeitet. Jeder dieser Bürger hat einen gewichtigen Grund, mit dem er den Terroristen zu überreden sucht, seine Zeit nicht länger mit verstocktem Schweigen zu beanspruchen und sein Leben nicht zu gefährden. Allein, der Terrorist verrät nichts. Mehr noch, er verteidigt und begründet sein Handeln. Die Stimmung wird zunehmend aggressiver, wendet sich immer eindeutiger gegen den Terroristen als Grund des Übels. Am nächsten Morgen ist der Terrorist tot. Einer der unbescholtenen Bürger ist der Mörder. Aus der Sicht des Gouverneurs allerdings hat er lediglich das Urteil vollstreckt.

Wir begannen mit der Annäherung an die Szene in einem relativ großen Raum. Sehr schnell fiel auf, dass sich die Gereiztheit der Figuren, ihre Aggressivität, ihre Nervosität angesichts der für sie ungewohnten Lage, ihre körperlichen und psychischen Ausbrüche, unter allen Umständen rauszuwollen, nicht recht einstellten. Die zehn Zelleninsassen hatten im Raum so viel Platz, dass sie sich aus dem Weg gehen konnten. Jeder konnte ausreichend räumliche Autonomie für sich beanspruchen, niemand drang in Intimzonen des anderen ein. Niemand fühlte sich belästigt oder hatte gar das unabweisbare Bedürfnis hinauszumüssen. Selbst das Markieren der Zelle brachte nichts, weil die *imaginierten* Wände das Gefühl von Weite, das durch die lange Fensterfront noch verstärkt wurde, nicht einzuschränken vermochten. Der Ausweg schien die Idee, in den Keller der Schule umzuziehen. Dort zweigten von einem langen Gang kleine Garderoben ab, die durch ihre Größe und Kargheit schon eher an Zellen erinnerten. Die kleinen Kellerfenster kurz unter der Decke spendeten nur spärlich Licht, sodass wir auf künstliches Licht angewiesen waren. Der Geruch und die nach kurzer Zeit etwas verbrauchte Luft taten ein Übriges. Um das Gefühl der Enge noch zu verstärken, erhielten die Spielenden der Situation entsprechende Aufgaben: sich ganz eng zusammenstellen, den größtmöglichen Abstand zwischen sich und dem nächsten Insassen schaffen, sich gegenseitig belauern, sich voreinander zu verstecken suchen usw. Um ein in etwa vergleichbares Gefühl des Ausgeliefertseins zu provozieren, stellten sich nacheinander alle Beteiligten einzeln in die Mitte der Zelle, während die anderen die Möglichkeit hatten, die oder den in der Mitte Stehenden nach Belieben in verschiedene Körperhaltungen zu versetzen. Natürlich nur unter der Bedingung, der Person keinen Schaden zuzufügen. Das sichtbare Ergebnis beim Probieren der Szene waren gespanntere Körperhaltungen, intensivere Reaktionen auf die Spielpartner und auch weniger ›falsche‹ Töne, was letztlich zu einem konzentrierteren Spiel führte, bei dem für die Zuschauenden das Belastende der Situation deutlich wurde.

Hier wurde also durch die Simulation der Atmosphäre einer Gefängniszelle versucht, für die Spielenden das Gefühl des Eingesperrtseins, des Ausgeliefertseins und die daraus resultierende Aggressivität der Figuren nachvollziehbar zu machen. Eine solche Grundstimmung liegt sehr direkt unter Texten wie *Die Insel* von Athol Fugard, John Kani und Winston Ntshona (John und Winston sind auf einer Gefängnisinsel inhaftiert) und indirekt unter Texten wie *Bernarda Albas Haus* von Federico García Lorca (Mutter Bernarda hält ihre erwachsenen Töchter im Haus ›unter Verschluss‹). (Auszüge in: DSpT, 128−133 und 121−126)

In *Clockwork Orange 2004* von Anthony Burgess (Auszug in: DSpT, 133−138) entsteht Aggressivität anders.

Die Jugendlichen Alex, George, Pete und Dim treffen mit anderen allabendlich in der Korova Milch Bar zusammen, um sich für ihre Gewaltstreifzüge in Stimmung zu bringen. Bevor es zur Selbstvorstellung von Alex und seinen Droogs kommt, gibt der Autor durch Regieanweisung einen Tipp, wie dieses ›In-Stimmung-Bringen‹ aussehen könnte: »Unter der Erzählung rhythmische, kräftige Musikuntermalung.« (Ebd., 134) Sich selbst aufputschen, indem man sich mit Alkohol und Drogen und hämmernder Musik ›zudröhnt‹. Dass Musik für Jugendliche oft eine solche aufputschende Wirkung hat, ist von Woodstock bis Techno überliefert. Warum also nicht auch die Darsteller mit Musik auf das körperbetonte, frustablassende und -rausschreiende Spiel einstimmen? Geeignet ist dafür *Hier kommt Alex*, ein Titel der Punk-Band »Tote Hosen« (Text Andreas Frege, Musik Andreas Meurer), der den Vorteil bietet, dass er das Geschehen um Alex und seine Droogs selbst zum Gegenstand hat. Um das gewisse Feeling ›herauszukitzeln‹, ist die Live-Version des Songs zu bevorzugen (CD *Im Auftrag des Herrn Die Toten Hosen Live 1996*).

> In einer Zeit, in der man nur noch lebt,
> damit man täglich roboten geht,
> ist die größte Aufregung, die es noch gibt,
> das allabendliche Fernsehbild.
>
> Jeder Mensch ist wie ein Uhrwerk,
> wie ein Computer programmiert.
> Es gibt keinen, der sich dagegen wehrt,
> nur ein paar Jugendliche sind frustriert.
>
> Wenn am Himmel die Sonne untergeht,
> beginnt für die Droogs der Tag.
> In kleinen Banden sammeln sie sich,
> gehn gemeinsam auf die Jagd.
>
> Hey, hey, hey, hier kommt Alex! Vorhang auf für seine
> Horrorshow!
> Hey, hey, hey, hier kommt Alex! Vorhang auf für ein
> kleines bisschen Horrorshow!
>
> Auf dem Kreuzzug gegen die Ordnung
> und die scheinbar heile Welt
> zelebrieren sie die Zerstörung,
> Gewalt und Brutalität.

Erst wenn sie ihre Opfer leiden seh'n,
spüren sie Befriedigung.
Es gibt nichts mehr, was sie jetzt aufhält
in ihrer gnadenlosen Wut.

Zwanzig gegen einen, bis das Blut zum Vorschein kommt,
ob mit Stöcken oder Steinen. Irgendwann platzt
jeder Kopf.
Das nächste Opfer ist schon dran, wenn ihr den lieben
Gott noch fragt:
Warum hast du nichts getan? Nichts getan?

(In: Das große KDM-Songbuch. Berlin: KDM Verlag 1996, S. 70–73)

Natürlich taugt diese Einstimmung nur etwas, wenn man sich den Song nicht ruhig anhört, sondern sich dazu bewegt. Gut geeignet dafür ist die Verknüpfung mit folgendem Spiel:

Es wird eine Spielerin oder ein Spieler ausgewählt, die oder den alle in allem nachahmen müssen, was sie oder er auch immer tut oder sagt. Diese oder dieser eine (es kommen alle an die Reihe) kann das Spiel forcieren, indem sie oder er den anderen immer ausgefallenere, übertriebenere und lautere Dinge entgegenschleudert. Die Unterstützung der körperlichen Aktionen durch Schreie, Wortfetzen usw. kann dann unmittelbar zur Gestaltung des Textes führen, indem die sprachlichen › Vorbilder ‹ dafür dort entnommen werden:

DIE DROOGS   Was soll'nn jez werden, ey?
ALEX   Out out out out!
GEORGE   Out wohin?
ALEX   Oh, nur bisschen spazieren und viddy-viddy, was sich ergibt, o meine kleinen Brüder.
Der Tag war ganz anders als die Nacht. Der Tag gehörte den Starris, den Alten. – Aber die Nacht gehörte mir, meinen Droogs und den anderen Nadsats – die Nacht gehörte uns. (DSpT, 134)

Mit Hilfe eines Gedichts von Kurt Drawert soll ein weiterer Problemkreis angesprochen werden, der eine andere Art der Einstimmung verlangt.

Käse probieren

Koste doch von dem Käse
Ich würde es gut finden, wenn du den Käse einmal kosten würdest
Du bist verwöhnt und mäklig, wenn du jetzt nicht von dem Käse
kostest
Also kostest du nun oder nicht!
Ich habe gesagt, du sollst das probieren!

Du kannst doch nicht immer deinen Kopf durchsetzen
Wenn du in die Schule kommst, kannst du auch nicht deinen Kopf
durchsetzen

Da kannst du überhaupt nicht deinen Kopf durchsetzen
Wenn alle Menschen ihren Kopf durchsetzen wollten!
Du musst endlich lernen, dass man überhaupt nicht seinen Kopf
durchsetzen kann!

In deinem Alter musste ich essen, was auf den Tisch kam
In deinem Alter hab ich mich gefreut auf solchen Käse
In deinem Alter konnte ich auch nicht meinen Kopf durchsetzen
In deinem Alter hat mein Vater zu mir gesagt: Isst du nun den
              Käse oder was!
In deinem Alter hat er zu mir gesagt: Sonst kriegst du Strafe!

Wenn du nicht von dem Käse kostest, bleibst du morgen oben
Kinder, die keinen Käse essen, werden dumm
Da kannst du auch nicht zu Oma fahren
Isst du nun den Käse oder was!
Oder willst du deinen Kopf durchsetzen?

(K. D.: Zweite Inventur. Gedichte. Berlin/Weimar: Aufbau-Verl. 1987, S. 99. © Ebd.)

Man ist geneigt, wissend zu lächeln. Da schieben sich Bilder von nörgelnden Vätern und Müttern, von Großmüttern und Großvätern und auch von ›gelernten Erziehern‹, also ungeliebten Lehrerinnen und Lehrern, im Kopf zusammen. Ja selbst der Streit mit verflossenen oder aktuellen Partnerinnen und Partnern liegt noch im Rahmen der Assoziationen, obwohl es sich im Gedicht doch offensichtlich um ein Kind handelt, das noch nicht zur Schule geht. Entscheidend daran ist, es sind die Erfahrungen mit *anderen*, die einen lächeln lassen. Dass man sich selbst so benehmen könnte, weisen wir weit von uns. Entsprechende Erfahrungen sind erfolgreich verdrängt, verschüttet. Man will es nicht wahrhaben. Daraus kann eine Haltung entstehen, die moralisiert. Eine Haltung, die mit erhobenem Zeigefinger operiert oder den anderen denunziert. Beides bekommt dem Spiel solcher Szenen schlecht.

Einstimmung in das Spiel von Texten wie *Käse probieren* oder Szenen wie dem Schlussdialog zwischen Nora und Torvald Helmer in *Ein Puppenheim (Nora)* von Henrik Ibsen (Auszug in: DSpT, 73–84) zielt daher wohl eher auf das Bewusstmachen der eigenen Betroffenheit. Es geht darum, die scheinbare Überlegenheit der Spielenden über Figur und Geschehen im Stück aufzugeben. Es geht um Durchschaubarmachen von Alltagskommunikation, von alltäglichen Argumentationsritualen, die nicht sehr weit entfernt sind von den Erfindungen in künstlerischen Texten. Ein Spiel dafür ist folgendes:

Eine Spielerin oder ein Spieler wird gebeten, sich auf einen Stuhl zu setzen und zu schweigen. Die anderen Spielerinnen und Spieler erhalten danach die Aufgabe, nacheinander zu versuchen, sie oder ihn zum Reden zu bringen.

Was dabei in der Regel herauskommt, verdeutlichen die in einem Probenmitschnitt festgehaltenen Verhaltensweisen von Schülerinnen und Schülern einer Theatergruppe:

S. Also, was ich erzähle, ist völlig egal. Ihr müsst euch vorstellen, sie hat einen ganz miesen Charakter. Sie ist überheblich, arrogant. Sie ist rechthaberisch, rechthaberisch vor allem. Und das ist ganz schlimm. Und das Schlimmste, man kann es nicht mit ihr aushalten. Wenn man eine Weile mit ihr zusammen ist, dann kommt sie dir mit allen möglichen Problemen. Aber wenn du ihr mal antworten willst ... Na und dann hält sie sich ja für die Größte, auch äußerlich. Sie weiß ja sowieso, dass sie alle schlagen kann, geistig und auch sonst. Sie droht dir sogar Prügel an, wenn es sein muss. Habe ich doch letztens erlebt. Hab ich sie getroffen in der Stadt, kam ein Freund von mir vorbei, er wollte etwas sagen, da hat sie ihn gleich verprügelt. Ja, ja, lach nicht so, wir wissen ganz genau Bescheid. Lange hält man es wirklich nicht mit ihr aus. Jetzt kommt sie ja schon nicht mal mehr zu Diskos. Beim ersten Mal, da war sie noch da, da hat sie sich noch getraut. Aber da ist sie dann aufgefallen, sie konnte nämlich nicht tanzen, so ganz komisch rumgehüpft ist sie da. Es haben alle gelacht. Das Bild war so lustig. Müsst ihr euch vorstellen. Da haben dann alle drum herum gestanden und haben gelacht. Stimmt's? Es ist wirklich erschreckend, was sie da noch mit H. anstellt, das ist das Schlimmste. Dass sie und H. sich getroffen haben, ist der absolute Wahnsinn. Na gut.

T. Ich weiß, was ich sagen soll. Eine kleine politische Diskussion wäre doch ganz toll. Ich meine, ich kann dir auch einen politischen Vortrag halten. Ich sehe, dass es dich nicht interessiert. Na schön. Hat dich das hochgebracht, was S. gesagt hat? Er hat dich ja ganz schön beschuldigt. Bestimmt.

M. Auch gut, dass wir uns mal wiedersehen. Ist mindestens ein Jahr her, dass wir uns nicht mehr gesehen haben. Übrigens, könnten Sie mir sagen, wie spät es ist? Können Sie mir sagen, welcher Tag heute ist? Wir fahren nämlich heute in den Urlaub ... Na dann eben nicht ... Haben Sie etwas gegen mich oder wie soll ich das verstehen? ... Ach so, übrigens, haben Sie schon den letzten Brief von mir gelesen? Dass Sie mir noch die 73 Mark zu zahlen haben, spätestens bis Montag? Sie können sie mir auch gleich hier geben ... Soll ich Ihnen etwas zu trinken bestellen? Was bitte?

A. Hallo, ich habe gehört, dass du ein großer Tennisfreak bist. Gibst du jedenfalls vor. Also, da kannst du mir ja helfen. Ich habe mit einem Kumpel gewettet, wegen Doppelfehler. Den gibt es doch im Tennis, oder? Dass der dann eintritt, wenn man zweimal hintereinander in das Netz schlägt. Mein Kumpel sagt – der hat sowieso nicht Recht –, aber der sagt, wenn man zweimal über die Linie hinausschlägt. Und wie ist es nun? Kannst du mir mal eine Antwort geben? Machst du nicht? Was soll ich denn nun machen? 20 Mark gewettet, Mensch. Sag doch mal was. Oder weißt du etwa auch nicht Bescheid? Ha, nun zeigt sich's, wer Ahnung vom Tennis hat. Wo gehst du hin, wenn du vorgibst, zum Training zu gehen? Gehst du irgendwohin tanzen oder was? S. sagt zwar, du kannst nicht tanzen, aber vielleicht lernst du es jetzt. Also, wie ist es nun, gib mir doch mal eine Antwort. Wenn du vorgibst, ein großer Sportler zu sein. Naja, typisch Mädchen. Groß angeben, Sport, Tennis. Ist ja totaler Modesport, groß rauskommen wollen. Steffi Graf wollen sie alle werden. Was hältst du überhaupt vom Sport? Könntest ruhig ein bisschen Kraftsport machen … Kannst du mir wenigstens sagen, wer Erster in der Weltrangliste ist? Beim Tennis. Weißt du auch nicht? Nicht mal bei den Frauen? Na dann sag es doch, sag es doch mal. Oder liegt es daran, dass du dich nicht deutsch ausdrücken kannst? Vielleicht in anderen Sprachen? Aber da hast du ja Vieren und Fünfen, in Latein, Englisch, Russisch sowieso. Wie sagt Frau Sch. immer: »Es liegt alles im Deutschen begründet.« Wie recht sie hat.

Alle Spieler verfolgen eine Strategie, die in der Sekundärliteratur als Verhalten beschrieben wird, das Kontakt abbricht oder verhindert, nämlich »Kritik persönlicher Art üben« und »Partner verletzen«.[4] Da wird gedroht, moralisch unter Druck gesetzt, vor anderen bloßgestellt, erpresst. Kommt man mit einer Idee nicht weiter, geht man zur nächsten über, ganz so wie in dem Gedicht *Käse probieren*.

Ein letztes Beispiel kreist um das Problem der Phantasie, deren Bedeutung für das darstellende Spiel sowohl im engeren als auch im weiten Sinn uns in vielerlei Gestalt entgegentritt.

In einer Szene des Textes *Mercedes* von Thomas Brasch (Auszug in: DSpT, 18–20) antwortet Sakko auf die Frage Ois »Undwenndedirwaswünschenkönntest« nach einiger Abwehr: »Mercedes Issdochklar«. Als Oi daraufhin fragt »Sowiederdameinste / […] / Son Mercedes wiederaeinersteht«, versteht Sakko nicht gleich, lässt sich aber dann auf das Spiel ein. Der »Mercedes« entsteht in beider Phantasie, genau so, wie Sakko ihn sich wünscht: »Abernichirgendein / Ein mit Schiebedach Autotelefon Stereo Elektronikbremse / Fensterheber Colorglasscheiben / So einer mit alles dran Verstehse«. (Ebd., 18 f.)

Hier geht es also um die Imagination eines Gegenstandes und den Umgang mit ihm. Auch das kann man vorbereitend ›üben‹.

Die Spieler sitzen im Kreis und geben sich reihum Dinge, die sie nur mit ihren Händen, ihrer Körperhaltung, Gesten oder mimisch für die anderen zu erkennen geben.

Spielpädagogische Qualifikationen

›Basisqualifikationen‹

Ich denke, es ist deutlich geworden, warum eine Einstimmung als unmittelbare Vorbereitung auf das Spiel einer bestimmten Szene hilfreich sein kann. Ich denke aber auch, dass in meinen Beschreibungen die prinzipielle Schwierigkeit durchscheint, jeweils die passende Einstimmungsvariante für eine konkrete Szene zu finden. Es ist die Frage nach der Besonderheit, nach dem Mittelpunkt einer Szene. Schon das kann Kopfzerbrechen bereiten, ganz zu schweigen davon, dafür das geeignete Spiel auszuwählen oder sich auszudenken.

Spielleiterinnen und Spielleiter haben es also nicht so einfach. In der Sekundärliteratur wird deshalb auch von »spielpädagogischen Basisqualifikationen« gesprochen, über die eine Spielleiterin oder ein Spielleiter verfügen sollte, hierzu zählen:

– Spielpädagogen müssen selbst spielen können. Spielen können kann nur spielend gelernt werden.
– Spielpädagogen müssen gut beobachten können. Sie benötigen die Fähigkeit, sich in Spielende hineinzuversetzen. Sie müssen sensibel für alltägliche Beobachtungen, aber auch in der Lage sein, gegebenenfalls systematische Beobachtungsformen zu erarbeiten und durchzuführen.
– Spielpädagogen müssen sensibel und flexibel im sozialen Umgang sein. Sie müssen Nähe und Distanz zur Spielsituation vermitteln können. Spielpädagogen müssen kreativ mit Räumen, Materialien, Situationen usw. umgehen können.[5]

Vielleicht erleichtern einige zusammenfassende, abrufbare Überlegungen zur Warm-up-Phase das eigene Sich-Trauen angesichts solcher Forderungen.

Vorab zu treffende Entscheidungen

1. Die Auswahl der Spiele/Übungen wird von der Entscheidung bestimmt, ob der Schwerpunkt auf der Entwicklung von Spielfähigkeiten, auf der allgemeinen Vorbereitung von Spielprozessen oder der Vorbereitung auf eine bestimmte Szene liegen soll.
2. Der ›Entwicklungsstand‹ der Spielgruppe ist entscheidend für die Wahl bestimmter Schwerpunkte, etwa vorwiegend Kennenlernspiele oder vorwiegend Bewegungsspiele oder vorwiegend Wahrnehmungsübungen usw.

3. Die Spielleiterin bzw. der Spielleiter spielt prinzipiell mit. Es sei denn, bestimmte Übungs-/Spieltypen erfordern einen ›Beobachter‹ oder die Spielgruppe braucht ständige Impulse von außen. (Natürlich sind als Beobachter auch Spielende einsetzbar.)

4. Reflexionen über Spielprozesse, nachbereitende Gespräche, ergeben sich aus dem verwendeten Spieltyp. Sie sollten in der Regel geführt werden nach Spielen, die auf Selbsterfahrung zielen (etwa Spiele mit ›blindem‹ Partner), oder solchen Spielen/Übungen, die auf zunehmende ›Qualifizierung‹ zielen (Spiele, bei denen etwas dargestellt werden soll). Darüber hinaus hängt von der Gruppendynamik ab, ob und wann (aufgrund beobachtbarer Unlust, Unwohlsein o.Ä. bei den Spielern) der Wechsel in die ›Metakommunikation‹ erfolgen sollte.

Anordnung der Spiele/Übungen

1. Vom ›Einfachen‹ zum ›Schwierigen‹, Komplexen!
   Das gilt für die Anordnung von Spielgruppen, also von Kennenlernspielen (als Ausgangspunkt) bis zu Spielen, bei denen etwas dargestellt werden soll (als Endpunkt), ebenso für die Anordnung von Spielaufgaben innerhalb eines bestimmten Spiel- bzw. Übungstyps, etwa der Übung mit einem spielanregenden Requisit. (↗ Requisit als Spielanlass)

2. Vom ›Geschützten‹ zum ›Ungeschützten‹
   Einige Spiele und Übungen unterscheiden sich von anderen durch den Grad des abverlangten Sich-Öffnens der Spielenden. Im Interesse des behutsamen Abbaus von Hemmungen und der sachten Entwicklung von Vertrautheit sollte diese Tatsache berücksichtigt werden.

Spieleinführung und Spielgestaltung

1. Eindeutigkeit in der Erklärung
   Je verworrener ein Spiel erläutert wird, desto verworrener erscheint das Gespielte, und unter Umständen sinkt in gleichem Maße die Lust am Spiel. Deshalb sollte darauf geachtet werden, dass Spiele klar und eindeutig erläutert werden.

2. Straffe Führung
   Spiel ist Pendeln zwischen Regel und Freiheitsgraden. Die Laune beim Spiel, der Spaß, resultiert aus dem Ausreizen der freiwillig akzeptierten Regeln.

3. Korrekte Spiel-/Übungsabläufe durch Impulse gewährleisten, gegebenenfalls durch Intervenieren (Abbruch ist denkbar)

Werden etwa Sensibilisierungsübungen durch ständiges Reden der Gruppenmitglieder gestört, stellt sich keine Konzentration ein.

4. Zeit lassen

Dies gilt für alle Spiele/Übungen, erst recht für solche, bei denen sich die Spielenden etwas vorstellen sollen, etwa durch heißen Sand laufen, einen kleinen Vogel in der Hand halten usw. Der Spieler braucht Zeit, um das entsprechende Körpergefühl etc. etwa bei imaginierten Bodenverhältnissen, Gegenständen oder Handlungsabläufen herstellen zu können.

Auswertung

Für die Auswertung von Spielen stehen verschiedene Methoden zur Verfügung, die hier nicht alle aufgezählt werden können. Ich beschränke mich in Anlehnung an Ulrich Baer auf folgende Tipps:

– Es gibt Spiele, bei denen die Gruppe in Spielende und Beobachtende zerfällt bzw. bewusst aufgeteilt wird, etwa bei Übungen zur Wahrnehmung und Darstellung. Im sich anschließenden Gespräch sollten zuerst die Beobachtungen mitgeteilt werden.
– In Abhängigkeit der Auswertungsgesichtspunkte (Persönlichkeits- bzw. Schwierigkeitsgrad) kann die Auswertung zwischen den Spielpartnern, in kleinen Gruppen und/oder in der gesamten Gruppe erfolgen.
– Bei der Auswertung sollten möglichst viele Gruppenmitglieder sprechen können.
– Die Spielleiterin bzw. der Spielleiter sollte sich mit längeren Redeanteilen zurückhalten, vielmehr Fragen stellen, Gesprächsimpulse setzen oder Beobachtetes schildern und dabei wenig werten und interpretieren.
– Die Spielleiterin bzw. der Spielleiter muss in der Lage sein, das Gespräch zu strukturieren, das heißt, sie bzw. er muss die Übersicht über das jeweils zur Sprache Kommende gewährleisten, zwischen den Beiträgen vermitteln, gegebenenfalls klar wiederholen können, worin die Intention des Gesagten besteht, um Missverständnisse und Verletztheiten aufgrund unterschiedlicher »Sprach- und Reflexionsniveaus« zu vermeiden.[6]

III Szenen- und Stückerarbeitung

Die innere Struktur von darstellendem Spiel im engeren Sinn – Abgrenzung zum Rollenspiel

Bei der Szenenerarbeitung stellen sich nach meinen Erfahrungen zwei Probleme ein: Einmal natürlich ist die Frage nach dem Herangehen bedeutsam. Lehrerinnen und Lehrer, die Fortbildungen zum Darstellenden Spiel absolviert haben, sind nicht ganz glücklich, wenn sie sich in Spiele und Übungen zum Warm-up hineingefunden, deren Bedeutung in der zur Verfügung stehenden Zeit mehr oder minder erfahren haben und dann genau dort die Fortbildung zunächst beendet ist. Es schimmert die Frage nach dem ›Eigentlichen‹ durch, verständlich bei der Vergewisserung der Interessenlage. Haben in der Schule Unterrichtende doch in der Regel mit Texten zu tun, meist unter Unterrichtsbedingungen. Das erzwingt eine bestimmte Perspektive und lässt den Wunsch nach inhaltlicher Anbindung und ›institutioneller Tauglichkeit‹ von Spielprozessen im Allgemeinen und in unserem Fall von darstellendem Spiel im Besonderen entstehen.

›Brauchbarkeit‹ des Vermittelten führt zum zweiten Problem. Ist das Herangehen geklärt, stellt sich sofort die Frage nach der Beurteilung des Erspielten. Es kommt dann schon vor, dieses: ›Spiel das mal noch besser.‹ Eine Aufforderung, der Spielende schlecht nachkommen können; sie wissen nicht, was sie ›besser spielen sollen‹. Es geht also um so etwas wie Kriterien. Ein solches Kriterium erschließt sich, wenn man sich darüber zu verständigen sucht, was darstellendes Spiel im engeren Sinn als Spielform in Abgrenzung zu anderen Spielformen ist.

Erstens Warum die Bezeichnung *darstellendes* Spiel verwendet wird, ist schnell und einsichtig geklärt. Sie wurde zur Bezeichnung eines Typs von Spiel gewählt, das Spielende und Zuschauende voneinander trennt, indem die Spielenden den Zuschauenden etwas zeigen, also eine Geschichte, eine Situation oder auch einen Menschen darstellen. Bedeutsam ist, dass es sich dabei um ein ›echtes‹ Auseinandertreten von Spielenden und Publikum handeln muss. Formen des Spiels, bei denen die Spielenden in Darsteller und Beobachter aufgeteilt werden, tragen nicht im eigentlichen Sinn darstellenden Charakter. Hier soll nicht Zuschauenden etwas vorgespielt, sondern mit Hilfe des Spiels etwas demonstriert oder ein Problem bearbeitet werden.

Zweitens Äußere Organisation von Schauspielern und Publikum, von Bühne und Zuschauerraum reicht jedoch noch nicht aus, um von ›darstellendem Spiel‹ zu reden. Zu diesem äußeren Merkmal muss ein Merkmal hinzutreten, das geeignet ist, eine bestimmte Qualität des Spieles zu beschreiben, und zwar nicht im Sinn von Güte (gut oder schlecht), sondern im Sinn von Beschaffenheit, Struktur oder, wenn man so will, von innerer Zusammensetzung.

In theaterwissenschaftlichen Untersuchungen wird im Bemühen, über die Bestimmung von »Theaterkunst im weitesten Sinne«[7] hinauszugehen und die Besonderheit des (theatralen) Spiels eines Schauspielers zu erhellen, auf das kindliche Rollenspiel zurückgegangen.

Auch Fiktions- oder Symbolspiel genannt, gilt das kindliche Rollenspiel in der Entwicklungspsychologie als eine spezielle Gruppe kindlichen Spiels,[8] bei dem das Kind Verhaltensweisen und Handlungsmuster seiner sozialen Umwelt nachahmt. Die nachgeahmten Handlungsmuster und Verhaltensweisen sind an eine bestimmte (Vorbild-)Person gebunden. So schlüpft das Kind in die Rolle ›Mutter‹, ›Vater‹, ›Kind‹, ›Arzt‹ oder ›Patient‹. Während das Kind so tut, als wäre es die Mutter, der Vater usw., ist es sich dieser ›Als-ob-Situation‹ sehr wohl bewusst. Es vergisst niemals dabei, dass es ein Spiel ist, mit wem es dieses Spiel spielt und wie es zu spielen ist. Es unterbricht und organisiert das Spiel sofort neu, wenn zum Beispiel nicht der ›Arzt‹ den ›Patienten‹, sondern der ›Patient‹ den ›Arzt‹ untersuchen will.

In der entwickelten Form des Rollenspiels, im Zusammenspiel mit anderen Kindern, realisiert das spielende Kind zwei Ebenen von Beziehungen, die Ebene der Beziehung zum realen Spielpartner und die Ebene der Beziehung zwischen der eigenen Rolle und der Rolle des Spielpartners.

Für die fiktive Ebene der Rollenbeziehung (›Mutter‹ und ›Vater‹; ›Arzt‹ und ›Patient‹; ›Polizist‹ und ›Autofahrer‹ etc.) wird in der Fachliteratur der Begriff ›Quasi-Realität‹ verwendet.[9]

Betrachtet man die Art der Beziehungen auf den beiden Ebenen genauer, dann findet auf der Realitätsebene Kommunikation und Interaktion zwischen den spielenden Kindern, nennen wir sie Max und Sophie, statt und auf der Quasi-Realitätsebene Kommunikation zwischen Max in der Rolle des ›Vaters‹ und Sophie in der Rolle der ›Mutter‹.

Die Unterscheidung zwischen Kommunikation und Interaktion[10] ist angebracht, weil nur die spielenden Kinder interagieren, also sich wechselseitig auch körperlich spürbar beeinflussen können. In den Rollen ›Vater‹ und ›Mutter‹ können sie nur miteinander kommunizieren, können ein Gespräch so führen, wie es Vater und Mutter tun würden, können sich in einer bestimmten Art und Weise dem jeweils anderen gegenüber ausdrücken usw. Interaktion aber kann auf dieser Ebene nicht stattfinden, weil das Streicheln sich zum Beispiel immer anfühlen wird wie das Streicheln von Max und Sophie, nicht wie das Streicheln von Vater und Mutter.

Ohne vorgreifen zu wollen: Dies ist der psychologisch beschreibbare Grund dafür, warum unter Umständen das Spiel der jugendlichen Sophie mit dem jugendlichen Max als Julia und Romeo nicht funktioniert. Ein Kuss zwischen beiden ist im Spiel die Zärtlichkeit der Liebenden Romeo und Julia, real ist es der Kuss zwischen Sophie und Max. Und wenn Sophie den Max ›nicht riechen kann‹, sowohl in direkter als auch in übertragener Bedeutung, dann findet der Kuss nicht statt oder so, dass es nicht mehr der Kuss zweier Liebenden ist.

Das Beispiel ›Romeo und Julia‹ führt zum Interesse der Theaterwissenschaft am kindlichen Rollenspiel zurück. Aus der Betrachtung seiner Besonderheiten gelangt sie zur Beschreibung eines ähnlichen Zusammenhangs beim Spiel des Schauspielers:

»Dieser Prozess (lässt sich) in die folgenden Beziehungen auflösen:
– Die objektive [z. B. literarische] Rollenvorgabe R bzw. $R_1 - R_2$: etwa die Beziehung Romeos zu Julia, die im Zusammenhang des Shakespeare'schen Stücks als Liebesbeziehung angelegt ist und die Spieler grundsätzlich auf dieses Beziehungsmuster festlegt. […]
– Die aktuelle körperliche Beziehung der Spieler S_1 und S_2: Organisiert sich das Spiel in seinem Verlauf zwar über die Rollenvorgaben, haben sich die Spieler doch mit der Körperlichkeit ihrer selbst und ihrer ermittelbaren Spielpartner auseinander zu setzen. Verprügelt ein Spieler S_1 in der Rolle des ›Herrn‹ seinen Spielpartner S_2 in der Rolle des ›Dieners‹, so mag sich S_2 zwar sagen, dass die Schläge nicht ihm, sondern dem, den er spielt, gelten, doch es ist die Hand oder der Fuß von S_1, die er verspürt.«[11]

Würde hier die Suche nach der inneren Struktur von darstellendem Spiel beendet, so erhielten wir ein etwas kurioses Faktum: Darstellendes Spiel und kindliches Rollenspiel wären synonym. Dass dem nicht so ist, leuchtet jedem ein. Und es lässt sich der Unterschied auch strukturell nachweisen. Man braucht den eingeschlagenen Weg der Betrachtung nur konsequent weiterzuverfolgen, indem man danach fragt, ob denn die Rolle, die ein Kind im Rollenspiel übernimmt, der Rolle, die ein Schauspieler verkörpert, gleichzusetzen ist.

Ein Kind gestaltet im Rollenspiel eine Rolle so, dass es in ihr nur die wesentlichsten, allgemeinsten Merkmale der entsprechenden realen Person spielt. Es geht nicht um eine konkrete Person (obwohl diese als Vorbild dient), sondern um das Abbild der Handlungen, die einer Berufsgruppe – etwa Lokführer, Fahrkartenverkäufer, Verkäuferin am Büffet usw.[12] –

eigen sind oder die bestimmte zwischenmenschliche Beziehungen charakterisieren – etwa die Beziehung Vater–Mutter–Kind, Arzt–Patient usw.

»Wir haben es stets mit einer *verallgemeinerten Handlung* zu tun. Das Kind, das im Spiel ein Auto steuert, mag die Handlung eines bestimmten Fahrers im Auge haben. Dennoch gibt es nicht dessen Vorgehen allein, sondern das eines Chauffeurs allgemein wieder. Es reproduziert nicht dessen einzelne, konkrete Handlungen, sondern das Lenken eines Autos überhaupt, natürlich immer im Rahmen der ihm zugänglichen Überlegungen und Verallgemeinerungen. Es hat gar nicht die Absicht, eine konkrete Person darzustellen, sondern will die Handlung als Beziehung zum Gegenstand, es will eine verallgemeinerte Handlung vollziehen. […] Es dramatisiert nicht, sondern reproduziert in seinen Spielhandlungen und Spieloperationen nur das Typische und Allgemeine. Hier liegt übrigens auch der qualitative Unterschied zwischen der Reproduktion im Spiel und einer echten Dramatisierung.«[13]

Im Rollenspiel wird also das Geschehen von einer konkreten Person abgehoben und in seiner Allgemeingültigkeit gezeigt. Die Rolle im Rollenspiel ist also Darstellung des Allgemeinen im Allgemeinen.

Anders die Rolle des Schauspielers. Auch sie ist zunächst Verallgemeinerung, gewonnen durch die Beobachtung verschiedener Menschen mit ähnlichen Merkmalen: das Gebaren eines alten Mannes, die Verhaltensweise eines Gefangenen, die Probleme einer Mutter mit ihren Kindern usw. Nur bleibt der Schauspieler bei der Gestaltung der Rolle hier nicht stehen, geht doch auch die literarische Vorgabe über die Kennzeichnung allgemeiner Züge einer Figur hinaus. Die Verallgemeinerung wird wieder in eine konkrete Person zurückgeführt:

»Der Schriftsteller bildet die Wirklichkeit durch Umbilden ab, indem er typische Züge vieler Menschen abstrahiert und in seinen Gestalten konkretisiert.«[14]

Die Rolle im darstellenden Spiel ist also Darstellung des Allgemeinen im Besonderen. Insofern ist es sinnvoll, von der Darstellung von Figuren zu sprechen, um diesen Unterschied zur Rolle im Rollenspiel auch äußerlich sinnfällig zu machen.[15] Das heißt zugleich, dass die Ebenen der Rollenbeziehungen im Rollenspiel und die der Figurenbeziehungen im darstellenden Spiel nicht identisch sind. Im darstellenden Spiel kommt die Ebene der Kommunikation zwischen Figuren hinzu, sodass aus dem Spiel von Rollen die Gestaltung von Figuren erwächst, und zwar ohne dass die Verallgemeinerung des Rollenspiels in der Konkretheit des darstellenden Spiels verloren geht, aber doch so, dass in der Verallgemeinerung individuelle, konkrete Menschen sichtbar werden.

In dem Stück *Amok* von Christian Martin (Auszug in: DSpT, 17 f.) geht es um Jugendliche und somit zunächst um das Problem, Jugendliche (als

Rolle) zu spielen. Der Autor hilft augenscheinlich durch die Beschreibung der Szene am Beginn des Stückes:

»[…] im Vordergrund eine riesige Mülldeponie / drei sich jagende Mopedfahrer […] / sie stellen die Mopeds ab und einen Recorder auf / sie tanzen wie wild […].«

(C. M.: Amok. In: Theater der Zeit [Berlin], 45 [1990], Nr. 2, S. 58)

Der Autor hat also versucht, seinen Figuren Verhaltensweisen einzuschreiben, die sie für den Leser oder Zuschauer als Jugendliche erkennbar werden lassen. Dies dürfte ihm gelungen sein, denn die Vorliebe Jugendlicher für das Hören von Musik und das Sich-Einfinden auf fest verabredeten Plätzen ist durch soziologische Studien belegt. Aber Christian Martin erzählt eben nicht die Geschichte von irgendwelchen, sondern von ganz bestimmten Jugendlichen, die von Daniel und Maike, auch die von Fratz und Bomber. Außer dass sie sich in bestimmten Dingen wie alle Jugendlichen benehmen, haben alle eine individuelle Biografie und damit ganz individuelle, persönliche Motive und Gründe für das eigene Handeln.

Das Mädchen Maike zum Beispiel »treibt es mit jedem«. Warum? »Aus Rache«, wie sie sagt. Weil ihr Vater sie missbraucht hat, als sie zwölf war. Oder Daniel, der Maike mag, aber einen Vater hat, der einen hohen Posten bekleidet und darauf bedacht ist, dass sein Sohn sich entsprechend verhält. Also verbietet er kurzerhand den Umgang mit diesem Mädchen: »Unsere Wohnung ist kein Bordell!« Nur dass dieses Verbot in Wahrheit wohl eher daher rührt, dass er selbst schon ›Kunde‹ bei ihr gewesen zu sein scheint.

Genau diese konkreten Erfahrungen sind es, die schließlich zu einem Verhalten der Betreffenden führen, das aus dem Raster, der Rolle, ›Jugendliche/Jugendlicher‹ fällt. Daniel tötet am Ende des Stückes seine Eltern, Maike lebt als Prostituierte. Beides ist subjektive Bewältigungsstrategie und widerspricht den inhärenten Regeln der Rolle. Christian Martin hat die ›allgemeine‹ Rolle ›Jugendliche/Jugendlicher‹ wieder in die konkrete Figur ›Daniel‹ bzw. ›Maike‹ zurückgeführt, wobei auch Daniel und Maike sich wie Jugendliche benehmen. Die Rolle bleibt in der Figur enthalten.

So lassen sich durch die Abgrenzung von ›Rolle‹ und ›Figur‹ nicht zwei (wie im Rollenspiel), sondern drei Ebenen von Kommunikationsbeziehungen im darstellendem Spiel differenzieren:

– Erste Kommunikationsebene als Realitätsebene, in der sich zwei oder mehr Schauspieler als Subjekte dieser Kommunikation (hier auch Interaktion) gegenüberstehen. In Pierre Walter Politz' Inszenierung von Jean Genets *Die Zofen* am Schauspiel Leipzig (1994) beispielsweise *Guido Lambrecht* und *Andreas Rehschuh*.

– Zweite Kommunikationsebene als Quasi-Realitätsebene (1), in der sich zwei Schauspieler in Rollen gegenüberstehen, also Guido Lambrecht als *Zofe* und Andreas Rehschuh als *Zofe*.
– Dritte Kommunikationsebene als Quasi-Realitätsebene (2), in der sich zwei Schauspieler in Figuren gegenüberstehen, also Guido Lambrecht als Zofe CLAIRE und Andreas Rehschuh als Zofe SOLANGE.

Versuchte man aus dem bisher Beschriebenen eine Art Definition, so könnte man formulieren: Darstellendes Spiel im engeren Sinn ist eine spezielle Gruppe menschlichen Spiels, bei dem Menschen einem potenziellen Publikum Geschichten, Situationen oder Menschen mit einer bestimmten Intention vorspielen, indem sie mit Spielpartnern oder allein ein Insgesamt kommunikativer Beziehungen auf mindestens drei Ebenen realisieren: der Realitätsebene der (oder des) Spielenden, der Quasi-Realitätsebene (1) von (verallgemeinerten) Rollen und der Quasi-Realitätsebene (2) von (künstlerisch konkreten) Figuren.[16] (↗ Abb. 5)

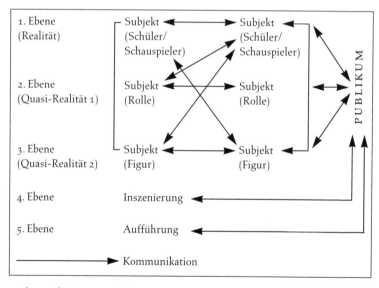

5 Ebenen der Kommunikation

Darstellendes Spiel ist über das Unterscheidungsmerkmal der Trennung von Spieler und Zuschauer hinaus vom Rollenspiel selbst und von Spielen und Techniken, die in Anlehnung an das Rollenspiel entwickelt wurden, abzugrenzen. Mit letzteren sind solche Spiele und Techniken gemeint, die die psychische Verschmelzung der beiden Wirklichkeiten (Realität

und Quasi-Realität) im Rollenspiel entweder mit der Betonung der psychischen Befindlichkeiten des Spielenden (Realitätsebene) nutzen, um
Probleme und Konflikte des Einzelnen (Psychodrama) oder einer Gruppe
bzw. der Gesellschaft (Soziodrama) bearbeiten und gegebenenfalls bewältigen zu können; oder mit der Betonung der Rollen und ihrer Beziehungen nutzen, um im Rahmen des Erwartungshorizontes einer sozialen
Rolle Situationen unterschiedlichster Anwendungsfelder zu simulieren,
deren variantenreiches Durchspielen Entscheidungsprozesse beeinflussen
und Entscheidungen vorbereiten hilft (Simulationsspiel, Planspiel, Fallstudie); oder mit denen rollenkonformes vs. rollennonkonformes Verhalten erprobt werden kann (Verhaltenstraining).

Diese Spiele und Techniken haben in unterschiedlicher Ausprägung und
zum Teil mit der didaktisch-methodischen Zielbestimmung als genauerer
Bezeichnung versehen (sprachdidaktisches Rollenspiel) Eingang in den
Unterricht gefunden. Sie dienen hier der Vermittlung von Unterrichtsin-
halten mit der Intention, damit deren behaltens- und letztlich verhaltens-
wirksamere Aneignung zu gewährleisten. Sie sind in der Regel dem Konzept handlungsorientierten Unterrichts zuzuordnen.[17]

Diese Spiele und Techniken werden hier abgrenzend genannt, weil dadurch deutlicher wird, worauf etwa das Erspielen eines literarischen Textes
mittels darstellendem Spiel zielt. Es geht um die Entdeckung künstlerisch
konkreter Figuren in ihren künstlerisch konkreten Beziehungen zu ihrer
sozialen und gegenständlichen Umwelt in künstlerisch konkreten Situationen. Die in Spieler-Rolle-Figur auflösbare innere Struktur darstellenden Spiels bildet die ›Folie‹, den Rahmen, wie dieses Entdecken (auch
methodisch nachvollziehbar) funktioniert. Es beginnt mit den Erfahrungen, Sehnsüchten, Wünschen usw. des realen Spielers, geht über in die
genaue Wahrnehmung der (allgemeinen) Rollenmerkmale und führt hin
zu einer konkreten Figur.

Wir haben also mit der Begriffsbestimmung ein wichtiges Kriterium
für die Erarbeitung darstellenden Spiels im engeren Sinn beschrieben: Es
müssen Figuren gespielt werden. Das ist nicht in jedem Fall einfach.
Manchmal hilft dabei die literarische Vorlage.

Die Titelfigur in Heinrich von Kleists *Prinz Friedrich von Homburg*
(Auszug in: DSpT, 64–68) etwa ist ein Reitergeneral. Lassen wir einen
Reitergeneral spielen. Was entsteht? Wahrscheinlich die Umsetzung eines
Klischees von ›tollkühn‹. Das ist Homburg auch (insofern ist ›Klischee‹
zunächst überhaupt nichts Negatives), schließlich hat er einen »glänzen-
den Sieg über die Schweden« erfochten, aber in der abgedruckten Szene
ist er ein um sein Leben bettelnder Reitergeneral, so sehr bettelnd, dass
die zeitgenössischen Offiziere das Stück als mit ihrem Ehrenkodex un-

vereinbar ablehnten. Wahrscheinlich denkt die Kurfürstin erst einmal genauso:

DIE KURFÜRSTIN Mein Sohn! Wenn's so des Himmels Wille ist,
    Wirst du mit Mut dich und mit Fassung rüsten!   (Ebd., 65)

Doch der will derlei nicht hören, er hängt an seinem Leben, will alles in Kauf nehmen, nur das Leben soll ihm bleiben:

DER PRINZ VON HOMBURG O Gottes Welt, o Mutter, ist so schön!
    Lass mich nicht, fleh ich, eh die Stunde schlägt,
    Zu jenen schwarzen Schatten niedersteigen!
    Mag er [der Kurfürst] doch sonst, wenn ich gefehlt, mich strafen,
    Warum die Kugel eben muss es sein?
    Mag er mich meiner Ämter doch entsetzen;
    Mit Kassation, wenn's das Gesetz so will,
    Mich aus dem Heer entfernen: Gott des Himmels!
    Seit ich mein Grab sah, will ich nichts als leben,
    Und frage nichts mehr, ob es rühmlich sei!   (Ebd., 66)

In anderen Stücken oder gar bei freien Stückentwicklungen fällt es schon schwerer, die inviduelle Konkretheit einer Figur auf der Folie allgemeiner Merkmale zu behaupten. Jean Genet zum Beispiel führt uns in *Die Zofen* (Auszug in: DSpT, 100–107) in das »Schlafzimmer der gnädigen Frau«, die sich offenbar von ihrer Bediensteten ankleiden lassen will:

CLAIRE Richten Sie mein Kleid! Rasch! Es eilt. [...] Bringen Sie meine Toilette in Ordnung. Das weiße Paillettenkleid. Den Fächer. Die Smaragde. (Ebd., 101)

Den ohne Arg Lesenden verblüfft, wenn im Verlauf der im Text entwickelten Situation ein Wecker klingelt und er feststellen muss, dass der Autor ihn zum Narren gehalten hat. Denn Solange ist nicht die gnädige Frau und Claire nicht die Bedienstete, sondern beide sind Zofen. Sie spielen das Rollenspiel ›gnädige Frau und Zofe‹, immer und immer wieder, wohl in therapeutischer Funktion.

Die Schwierigkeit der Darstellung besteht nun darin, einerseits die ›allgemeine‹ Rolle ›Zofe‹ in die konkreten Figuren ›Solange‹ und ›Claire‹ münden, andererseits diese konkreten Figuren wieder in die ›allgemeinen‹ Rollen ›Zofe‹ und ›gnädige Frau‹ schlüpfen zu lassen. Die Figuren in einer solchen Konstellation zu spielen ist nicht leicht.

Hat man Genets Grundidee dieser Szene einmal erfasst, liest man genauer und stellt fest, dass es Momente gibt, die die im Spiel zu leistende Individualisierung der Figuren erleichtern, weil sie Situationen zeigen, in denen beide, weil sie es nicht ertragen können, ›aus der Rolle fallen‹ und sich selbst spielen:

SOLANGE Genug! Beeilen Sie sich. Sind Sie bereit?

CLAIRE Und du?

SOLANGE *anfangs leise* Ich bin bereit. Ich habe es satt, ein Gegenstand des Abscheus zu sein. Auch ich hasse Sie ... (Ebd., 105)

Die Erregung scheint echt, also die Erregung Solanges zu sein, denn ihre Schwester Claire sieht sich veranlasst, sie zu trösten:

CLAIRE Ruhig, meine Kleine, immer ruhig ... *Sie klopft ihrer Schwester vorsichtig auf die Schulter, um sie zu beruhigen.* (Ebd.)

Etwas später wird Claire von Solange geohrfeigt. – Wohl kaum eine angebrachte Verhaltensweise einer Zofe im Umgang mit ihrer Herrin, usw. usf. (Ebd., 105 f.)

Was bei Genet zum diffizilen atemraubenden Psychogramm zweier gedemütigter Menschen wird, gerät bei Andreas Gryphius zum Gaudi für die anwesenden Zuschauer. Den Handwerkern in *Absurda Comica oder Herr Peter Squenz. Schimpfspiel in drei Aufzügen* (Auszug in: DSpT, 48–55) fällt es schwer, die mühsam getroffenen spielerischen Vereinbarungen zu halten. Auch sie werden später bei der Aufführung ihres Stückes ›aus der Rolle fallen‹:

PICKELHERING [als Piramus] Du lose, ehrvergessene Wand, du schelmische, diebische, leichtfertige Wand.

BULLA BUTÄN [als Wand] Ei, Pickelhering, das ist wider Ehr und Redlichkeit, es stehet auch in dem Spiel nicht, du kannst es aus deinem Zettel nicht beweisen. Ich bin ein zunftmäßiger Mann. Mache, dass es zu erleiden ist, oder ich schlage dir die Wand um deine ungewaschene Gusche.

(A. G.: Werke in einem Band. Hg. Nationale Forschungs- und Gedenkstätten d. klass. dt. Lit. Weimar. Berlin/Weimar: Aufbau 1985, S. 198 f.)

Auch wenn die (abstrakte) Abgrenzung Rolle – Figur niemand problemlos in die Lage versetzt, konkrete darstellerische Aufgaben zu bewältigen, trägt sie doch zumindest zur Klärung dessen bei, wohin sich das Spiel bewegen, worauf geachtet werden muss und kann, um eine bestimmte Qualität von Spiel zu erreichen.

Er schaut sie abschätzend an. Sie war- | Er versucht, sie zu überreden. Sie ist
tet mit gespannter Aufmerksamkeit. | sich nicht recht sicher, was sie davon zu
halten hat, ist leicht belustigt, findet
den Gedanken nicht abwegig.

Die äußere Strukturierbarkeit von darstellendem Spiel im engeren Sinn

»Sinnlich-gegenwärtiges Verhalten und Handeln« – das Finden und Erfinden von Vorgängen

Ein anderes Kriterium erschließt sich, fragt man danach, was darstellendes Spiel von einer Lesung oder einem Gedichtvortrag unterscheidet. Darstellendes Spiel hat ja auch mit Sprache zu tun und gebraucht sprecherische Mittel, um etwas auszudrücken. Hilfreich ist dabei, sich zu vergewissern, was das Bestimmungsmerkmal »sinnlich-gegenwärtiges Verhalten und Handeln«[18] von darstellendem Spiel, von Theaterkunst im weitesten Sinn bedeutet.

Auch diese Vergewisserung kann im Spiel gewonnen werden. Geeignet dafür ist ein in Anlehnung an eine Schauspielübung[19] »Zug um Zug« genanntes Spiel. Es hat sich auch im nichtprofessionellen Bereich als nützlich erwiesen.

Die Spielleiterin bzw. der Spielleiter legt neun Papierschnipsel auf den Fußboden.

x	x	x
x	x	x
x	x	x

Danach bestimmt sie oder er eine Spielerin oder einen Spieler als Figur A. Diese Figur A stellt sich auf irgendeinen Schnipsel und nimmt eine Haltung ein, in der sie erstarrt. Danach sagt die Spielleiterin oder der Spielleiter: »Figur

ER ist gespannt, ob sie sich traut. SIE zögert.

ER ist leicht verwundert, weil SIE plötzlich ›den Spieß herumdreht‹.

6–9 ›Zug um Zug‹: Anka Hofmann und Rainer Erices bei Proben zu »Hughie« von Eugene O'Neill, Leipzig 1996 (Fotos Axel Kühn, Leipzig)

B«, und eine Spielerin oder ein Spieler, der oder dem spontan zu der von Figur A angebotenen Haltung eine ›Antwort‹-Haltung eingefallen ist, stellt sich auf einen der Schnipsel, nimmt sie ein und erstarrt ebenfalls. Nun sagt die Spielleiterin oder der Spielleiter (der Rhythmus wird von ihr bzw. ihm festgelegt): »Figur A«, und diese Figur nimmt nun ihrerseits eine ›Antwort‹-Haltung zu Figur B ein. Im Anschluss daran sagt die Spielleiterin bzw. der Spielleiter wieder: »Figur B« usw. usf. Die Schnipsel sind so angeordnet, dass sie Reaktion und Verhalten im Raum ermöglichen. Das heißt, die Spielenden können das Zu- und Abwenden, Sich-Belauern, Sich-Nähern, Sich-Umwerben etc. ausdrücken, indem sie durch das Wechseln zwischen den Schnipseln die Bedeutung räumlicher Zuordnung einbeziehen.

Es wird schnell deutlich, dass ohne Worte kleine Geschichten entstehen, die sich beschreiben lassen. Etwa so, wie auf den Abbildungen (↗ Abb. 6–9) zu sehen.

Die Art und Weise, wie Figur A und Figur B sich zueinander verhalten, lässt einen Vorgang entstehen, der für den Betrachter *schaubar* macht, was zwischen den beiden ›vorgeht‹. Wir kennen solche Situationen auch aus dem Alltagsleben, zum Beispiel:

Ein Vater betritt, von Lärm alarmiert, das Kinderzimmer und fragt barsch: »Was geht hier vor?« – Ein Mädchen beobachtet auf einer Party mit wachsender Besorgnis, dass ihr Freund ihrer Freundin schon den dritten Drink holt, und fragt gereizt: »Was geht hier eigentlich ab (vor)?«

Die Situation ist jeweils nicht eindeutig, sie ist etwas undurchschaubar. Wodurch wird im darstellenden Spiel der Vorgang ›schaubar‹? Hier muss die Situation für die Zuschauenden auf einen Blick erfassbar sein. Man muss sich klar darüber werden, dass weder die Frage des Vaters noch die Frage des Mädchens auf eine Antwort zielen im Sinne von: ›Ich lese und Franz spielt Gameboy!‹ bzw. ›Ich bringe Jennifer etwas zu trinken mit!‹

Was der Vater wissen will und in der Regel auch zu hören bekommt ist: »Franz stänkert!« Und das Mädchen will wissen, und da sie es einmal bemerkt hat, wird sie die Partystimmung so lange belasten, so lange auf eine Antwort drängen, bis es heißt: ›Also gut, du weißt ja, wir hatten zuletzt keine gute Zeit … Kurz und gut: Jennifer und ich … also: wir sind zusammen. Ich wollte es dir schon letzte Woche sagen, aber …‹ Beide, der Vater und das Mädchen, wollen also wissen, was hinter dem Sichtbaren steckt. Was hinter dem steckt, was getan wird. Das wiederum bedeutet aber, dass etwas getan wurde, hinter dem noch etwas stecken könnte.

Im Kinderzimmer wird merkwürdigerweise ziemlich lautstark ›gelesen‹ bzw. ›Gameboy gespielt‹, und der Freund benimmt sich plötzlich merkwürdig zuvorkommend und aufmerksam zur Freundin seiner Freundin, die er vorgeblich nicht ausstehen kann.

Soll darstellendes Spiel genau das schaubar machen, was vorgeht, ist es an bestimmte Handlungen (einen Drink mitbringen) und/oder an eine bestimmte Art und Weise gebunden, wie diese Handlungen ausgeführt/ gespielt werden (Gameboy absichtsvoll so spielen, dass die lesende Schwester gestört wird). Insofern ist beim darstellenden Spiel weder zufällig noch belanglos, was und/oder wie etwas getan wird.

Das bringt uns zu zwei wesentlichen Aufgaben im Umgang mit darstellendem Spiel: im Text finden, was ›dahinter steckt‹, also den eigentlichen Vorgang entdecken und eine Handlung und/oder eine Art und Weise für deren Ausführung finden, sodass schaubar wird, was ›dahinter steckt‹.

Nehmen wir das Beispiel *Ein Puppenheim (Nora)* von Henrik Ibsen. Bevor es zum großen Abschlussgespräch zwischen Nora und Helmer kommt (↗ DSpT, 73–84), redet Frau Linde Nora noch einmal ins Gewissen. Helmer kommt zurück:

FRAU LINDE Ja. Nun will ich gute Nacht sagen.

HELMER Oh, schon? Gehört das Ihnen, das Strickzeug hier?

FRAU LINDE *nimmt es* Ja, danke. Das hätte ich beinahe vergessen.

HELMER Sie stricken also?

FRAU LINDE Gewiss.

HELMER Wissen Sie, Sie sollten lieber sticken!

FRAU LINDE So? Warum denn?

HELMER Es sieht viel hübscher aus. Wollen Sie einmal herschauen. Man hält die Stickerei so mit der linken Hand und führt mit der rechten die Nadel – so – in einem leichten, lang gestreckten Bogen – nicht wahr?

FRAU LINDE Ja, ja, das mag wohl sein …

HELMER Stricken dagegen – das wird immer unschön aussehen. Schauen Sie her: die zusammengeklemmten Arme, die sich hebenden und senkenden Stricknadeln – das hat so etwas Chinesisches an sich. – Ah, der Champagner, der war wirklich exquisit!

FRAU LINDE Also gute Nacht, Nora, und sei nun nicht mehr eigensinnig!

HELMER Wohlgesprochen, Frau Linde!

FRAU LINDE Gute Nacht, Herr Direktor!

HELMER *begleitet sie zur Tür* Gute Nacht, gute Nacht! Ich hoffe, Sie kommen gut nach Haus. Ich würde gern … Aber es ist ja nicht weit. Gute Nacht also! *Er schließt die Tür hinter Frau Linde und tritt wieder ins Zimmer.* So! Endlich sind wir sie los, diese schrecklich langweilige Pute!

> (H. I.: Dramen. Übersetzung Bernhard Schulze. Berlin: Rütten & Loening 1987, S. 339.
> © Hinstorff Verlag, Rostock 1965)

Was geht hier vor? Indizien liefert der Text Helmers: Genau genommen brüskiert Helmer mit seiner Rede Frau Linde zweimal – er diskriminiert das Stricken und lobt völlig unvermittelt den Champagner, wechselt also unmotiviert das Gesprächsthema. Zu welchem Zweck? Wahrscheinlich um Frau Linde indirekt zum Gehen aufzufordern, ohne es ausdrücklich zu sagen. Sein letzter Satz bestätigt diese Vermutung. Er will sie loswerden, und zwar dringend, weil er mit Nora ›ins Bett will‹, wie eine Erzieherin in einem Spielkurs lakonisch als Vorgang für eine nachfolgende, im Textband gleichfalls nicht abgedruckte Szene feststellte. Das heißt: Er plaudert nicht; Frau Linde nur scheinbar Aufmerksamkeit widmend, *komplimentiert er sie hinaus*. Das geht vor.

Wie nun könnte man diesen Vorgang verdeutlichen, sichtbar machen? Eine Möglichkeit wäre sicher, dass Helmer, während er Frau Linde nach dem Strickzeug fragt, es ihr schon regelrecht in die Hand drückt. Damit sie nicht etwa zurückkommt, weil sie es liegen gelassen hat.

Die Schwierigkeit ist erfahrungsgemäß, die treffendste Formulierung für das zu finden, was vorgeht, weil der eigentliche Vorgang nicht immer sofort deutlich wird. Es ist eben ein Unterschied, ob als Vorgang formuliert wird: Helmer unterhält sich mit Frau Linde über das Stricken, oder Helmer komplimentiert Frau Linde hinaus.

Für die Umsetzung in Spiel ist letzteres ungleich aussagekräftiger, weil handlungsanstiftender: Es ist deutlicher an der entscheidenden Frage ›Wie spielt man das?‹ orientiert.

– Es schließt sofort das ›Wie?‹ der Unterhaltung ein.
– Es ruft zielgerichteter erinnerbare soziale Erfahrungen der Spielenden ab. (Man sucht nicht unter einer Vielzahl von Gesprächsvarianten nach der für die Unterhaltung zwischen Helmer und Frau Linde passenden, sondern reproduziert: ›Wie komplimentiert man jemanden hinaus?‹)

47

– Es ist »aktiv formuliert«[20]. (›Hinauskomplimentieren‹ lässt sich einfacher in ›Tun‹ einer Figur übersetzen als das reflexive ›sich unterhalten‹.)

Gerade weil es nicht einfach ist, Vorgänge aus einer literarischen Vorlage herauszulesen, ist es hilfreich, sich an einem gelungenen, sehr einprägsamen Beispiel zu orientieren, das als Vergleichsgrundlage dienen kann. So hilft mir bei der Vergewisserung darüber, was vorgeht, immer die Orientierung an Bertolt Brechts Formulierung für einen Vorgang in seinem Stück *Mutter Courage und ihre Kinder*:

»Die Courage präsentiert einem Feldwebel ihre gemischte Familie, entstanden auf verschiedenen Kriegsschauplätzen.«[21]

Es heißt also nicht, ›sie stellt vor‹, sondern ›sie präsentiert‹.

Besonders schwierig wird das Problem des Bestimmens von Vorgängen und der ihnen gemäßen Umsetzung in Verhaltensweisen und Handlungen, wenn ein Text ›Lücken‹ lässt.

In Volker Ludwigs und Jörg Friedrichs *Nashörner schießen nicht* (Auszug in: TSpK, 64–71) trifft Vater Hannemann zufällig auf seinen Sohn und dessen Freunde. Er ›provoziert‹ eine Vorstellungsrunde:

HANNEMANN   Die Pia. *Tätschelt ihre Wangen. Nimmt Wolfgang in den Arm.* Und ich bin der Vater von Wolfgang. »Hannemann klebt alles an.« Könnt ruhig Gerd zu mir sagen …
Kommt zurück mit Getränken. So, nun mal ran bei Hannemann! Na, nun pack doch mal mit an, Wolfgang! *Wolfgang stellt das Getränk so ungeschickt vor Pia hin, dass es verschüttet. Pia kreischt.* (Ebd., 68)

Was passiert, wenn der Vater Getränke holt? Darüber wird nichts ausgesagt. Dass nichts passiert, ist unwahrscheinlich. Wie reagiert Wolfgang auf den Auftritt seines Vaters? Wie seine Freunde? Herrscht peinliches oder belustigtes oder anerkennendes Schweigen? Möchte Wolfgang am liebsten in den Boden versinken? Hier geht es also darum, überhaupt etwas zu erfinden, einen Vorgang (was geht zwischen den Freunden nach der Begrüßungsrunde mit Wolfgangs Vater vor?) und eine oder mehrere ihm adäquate Handlungen.

»Beobachten – bewerten – reagieren« – das Spielen von
Vorgängen und Drehpunkten

Beim Spiel »Zug um Zug« wird sehr schnell deutlich, dass die Geschichten unter bestimmten Voraussetzungen entstehen und einer beschreibbaren Strukturierbarkeit unterliegen. Voraussetzung ist, dass die Spieler eindeutig *auf einen Partner orientierte* Haltungen einnehmen. Stellt sich die oder der Spielende als Figur A mit Walkman in eine Straßenbahn, hat

Figur B lediglich die Möglichkeit, sich daneben zu stellen. Eine Beziehung stellt sich nicht her. Nimmt Figur A dagegen eine verführerische Haltung ein, hat Figur B die Chance, sich dazu zu verhalten. Im Kopf der Figur B laufen bis zum eigentlichen Spielen der ›Antwort‹ dann vier Phasen ab:

- Wahrnehmen (›Oh, eine aufreizende, Bein zeigende Puppe mit tiefem Ausschnitt, die was von mir will.‹),
- Bewerten (›Ist die bescheuert, wer bin ich denn, dass die mich hier anmacht!‹ oder ›Na, Süße, du kommst mir gerade recht, mal sehen, wie weit man bei dir gehen kann!‹ oder, oder, oder …),
- Entscheiden für eine Variante (denkbar sind viele, spielbar ist nur eine),
- Spielen.

Konsequent berücksichtigt, ist die »Arbeitsformel: beobachten – bewerten – reagieren«[22] für die Spielleiterin bzw. den Spielleiter ebenso eine Hilfe wie für die Spielenden, weil darstellendes Spielen lehr- und lernbar wird.

Erstens »Beobachten – bewerten – reagieren« ermöglicht es, Vorgänge spielerisch entstehen zu lassen. ›Vorgänge erfinden‹ wird also selbst zum Spiel und geschieht nicht theoretisch am Tisch.

Es wird eine Ausgangssituation entworfen, in die sich die Spielenden in oben genannter Weise handelnd hineinbegeben. Die Spielleiterin bzw. der Spielleiter unterstützt dieses Ausprobieren zum einen damit, dass sie bzw. er den Spielenden beschreibt, was sie bzw. er sieht, was sich bei ihr bzw. ihm aufgrund des Gesehenen herstellt. Die Spielenden können so die Absicht und die Wirkung ihres Spiels vergleichen, sich korrigieren, Intendiertes genauer herausarbeiten etc. Zum anderen treten an die Stelle der Aufforderung ›Spiel das mal besser!‹ Fragen: Wie nimmst du deinen Partner wahr? Wie bewertest du das Wahrgenommene? Wie reagierst du? Für die fortlaufende Vervollkommnung von darstellendem Spiel im Probenprozess wissen Spielleiterin bzw. Spielleiter und die Spielenden mit der Regel »beobachten – bewerten – reagieren« genauer, worauf sie achten und wo sie gegebenenfalls eingreifen müssen.

Beispielsweise wird deutlich, dass darstellendes Spiel zwar auf Vereinbarung zwischen den Spielern beruht, diese Vereinbarung aber für den Zuschauer nicht zu sehen sein darf. Eine Situation wird völlig unglaubwürdig, wenn ein Spieler einen Spielpartner anschaut nach dem Motto: ›Du bist jetzt dran!‹ Das heißt, wenn die Reaktion einer Figur stattfindet, bevor es überhaupt etwas gibt, worauf zu reagieren ist.

Das gilt nicht nur für Vereinbarungen mit dem Spielpartner. Das gilt auch für vereinbarte Handlungen. Es geht um Handlungen aus der Spielsituation heraus. Wenn nicht der Blick der *Figur* plötzlich erstaunt auf einen Gegenstand *fällt*, sondern der Blick des *Spielers* den Gegenstand im

Raum *sucht*, weil er weiß ›Ich soll jetzt einen Gegenstand bemerken, den ich erstaunt betrachte!‹, wird die Spielsituation hinfällig. Es ist die Schwierigkeit zu beachten, dass der Spieler immer weiß, was geschieht, die Figur aber nicht. Hamlet weiß nicht, wie ›sein Stück‹ endet, der Hamlet-Darsteller schon.

Zweitens Über das Handlungsschema »beobachten – bewerten – reagieren« können des Weiteren verschiedene Vorgänge deutlich voneinander abgesetzt gespielt werden. Das erleichtert, im Spiel einen Vorgang zu beenden und einen neuen zu beginnen.

»Er [ein Vorgang] ist logischerweise dann zu Ende, wenn ein anderes ›Was?‹ die Oberhand gewinnt, also eine dominierende Tätigkeit (etwa: sich an einem fremden Gegenstand vergreifen) durch eine andere dominierende Tätigkeit (etwa: die Flucht ergreifen) abgelöst wird.«[23]

Das heißt, ein neuer Vorgang entsteht, wenn die Reaktionen der Spielenden plötzlich in eine andere Richtung gehen, als die bis dahin gespielte Situation erwarten lässt. Diesen Moment der Haltungsänderung nennt man ›Drehpunkt‹. Man kann somit davon sprechen, dass Vorgänge durch Drehpunkte begrenzt werden. Das ist deshalb hervorzuheben, weil von Drehpunkten begrenzte Vorgänge in ihrer Aneinanderreihung die Fabel einer Szene bzw. eines Stückes ergeben, also letztlich die Szene bzw. das Stück konstituieren. Oder, nicht vom Spiel, sondern der literarischen Vorlage aus gedacht: Eine Szene bzw. ein Stück lässt sich in eine Abfolge von Vorgängen auflösen, deren jeweiliger Anfang bzw. deren Ende durch einen Drehpunkt markiert wird.[24]

Der Auszug aus *Amok* von Christian Martin (DSpT, 17 f.) setzt praktisch mit einem Drehpunkt ein. Maike und Daniel haben eben miteinander geschlafen, da provoziert Maike Daniel: »jetzt bist du kein jungmann mehr«, der ›schlägt zurück‹, indem er sie routiniert als Prostituierte behandelt: »was kriegst du«. Die Aggression zwischen den beiden nimmt zu, Daniel bohrt nach dem Grund, warum Maike es ›mit jedem treibt‹. Er will sie für sich allein. Maike wehrt ab, wird wütend, fühlt sich getroffen: »was willst du hören / dass ich es brauche / oder das Geld […]«, und platzt plötzlich mitten im Satz mit der Wahrheit heraus: »aus rache«. Hier beginnt die Veränderung der inneren Haltung Maikes. Endlich spricht sie den Grund aus, es fließt aus ihr heraus. Die coole, spöttische, fast bissige Fassade bröckelt, bis nur noch das jugendliche Mädchen übrig bleibt, das sich nach Liebe und Geborgenheit sehnt: »wir bleiben zusammen / hörst du / ich friere auch / und wie«.

Ein anderes Beispiel ist der Stimmungsumschwung in der Szene aus Friedrich Schillers *Die Räuber* (DSpT, 58–64), in der die wilde und ausgelassene Feier der Befreiung des Bandenmitglieds Roller ein jähes Ende nimmt, weil der Anführer Karl Moor Schufterle in die Schranken weist:

MOOR Wirklich, Schufterle? – Und diese Flamme brenne in deinem Busen, bis die Ewigkeit grau wird! – Fort, Ungeheuer! Lass dich nimmer unter meiner Bande sehen! […] (Ebd., S. 62)

Anlass ist die zynische, wie eine Heldentat vorgetragene Schilderung der Niedermetzelung von Kranken, Frauen und Kindern, die in der grundlosen Verbrennung eines kleinen Kindes gipfelt. Moors innere Haltungsänderung deutet sich vorher schon an. Die zügellose Plünderei, Brandschatzerei und die Morde an den vielen unschuldigen und wehrlosen Menschen vor Augen, die seine Bande während der Befreiungsaktion verübt hat, wird Moor ernst und nachdenklich: »Roller, du bist teuer bezahlt.« (Ebd.)

Darstellendes Spiel einer Szene oder eines Stückes entsteht, wenn Vorgang für Vorgang von Drehpunkt zu Drehpunkt in »sinnlich-gegenwärtiges Verhalten und Handeln« der Spielenden übersetzt wird. Was bedeutet, die (Schau-)Spielerin und der (Schau-)Spieler suchen gemeinsam mit der Spielleiterin oder dem Spielleiter nach Tätigkeiten und Verhaltensweisen, die sie spielen können, um Vorgang für Vorgang äußerlich sichtbar werden zu lassen.

Noch einmal auf das Beispiel *Ein Puppenheim (Nora)* (↗ S. 46 f.) bezogen hieße das: Vorgang: Helmer komplimentiert Frau Linde hinaus. – Mögliche Tätigkeit Helmers: Er drückt Frau Linde das Strickzeug in die Hand.

Wichtig ist, dass in der Umsetzung die Drehpunkte angespielt werden, indem man Haltungsänderungen klar herausarbeitet. Das ist für das, was im Spiel erzählt werden soll, ist für Strukturierung und Rhythmus einer Szene äußerst bedeutsam.

Drittens Die konsequente Berücksichtigung von »beobachten – bewerten – reagieren« bringt tatsächlich das hervor, was man als Leistungsvorteil des darstellenden Spiels gegenüber traditionelleren Interpretationsmethoden bezeichnen kann. Voraussetzung ist, und das meint konsequente Berücksichtigung, dass die Spielenden sich nicht Varianten erst ausdenken und dann spielen, sondern Varianten im Spiel mit dem Partner oder mit dem Requisit entstehen lassen, indem sie gemäß dem Handlungsgerüst verschiedene Bewertungs- und Reaktionsmöglichkeiten ausprobieren. So kommt es unter Umständen zu überraschenden Vorgängen und damit zu neuen Deutungen von Texten.

In einer Variante der Erarbeitung der Szene aus *Warten auf Godot* (DSpT, 22) spielte ein Student einen betrunkenen Ehemann, der nach Hause kommt und von seiner Frau im Flur erwartet wird. Während er sich mit seinen Schuhen müht, herrscht ihn die Frau an: »Was machst du da?« Er antwortet: »Ich zieh die Schuhe aus.« Ehe er jedoch den nächsten Satz nachschieben kann, fällt er vom Stuhl. Er schaut hoch und ›bewertet‹ den Blick seiner Frau als vorwurfsvoll: »Ist dir wohl noch nie passiert, wie?« Für die zuschauenden Studentinnen und Studenten völlig verblüffend, entstand eine andere Bedeutung. Der zweite Satz bezog sich nicht mehr auf das Ausziehen der Schuhe, sondern war die Reaktion darauf, dass die Frau als ein geballter Vorwurf gesehen wurde, weil sie sicherlich noch nie betrunken vom Stuhl gefallen ist. Diese Bedeutung war von den diese Szene spielenden Studenten nicht beabsichtigt, sondern entstand tatsächlich während des Spiels. Für die anderen war das offensichtlich so einleuchtend, dass sie beim Spielen des Textes später Ähnliches versuchten. Eine Studentin spielte als Wladimir den Text »Wie sollen wir dies Wiedersehen feiern? *Er überlegt.* Steh auf, laß dich umarmen!« (ebd.) eben nicht ›pur überlegend‹ (mit Kopf schief halten, Stirn kraus ziehen o. Ä.). Sie griff in die Hosentasche, kramte einige Geldstücke heraus, fing an zu zählen, verzog das Gesicht, steckte das Geld wieder weg. Für den Betrachter stellte sich her: Eine zünftige Wiedersehensfeier ist nicht drin. Für eine Flasche reicht das Geld nicht. Also muss es eine Umarmung auch tun.

Methodische Varianten des Umgangs mit darstellendem Spiel im engeren Sinn

›Vorspiel-Gespräch‹

Natürlich ist es möglich, durch ein gelenktes (heuristisches Unterrichts-) Gespräch zu einem Vorschlag zu gelangen, wie eine Szene gespielt und gestaltet werden könnte. Dem Charakter des Gegenstandes entsprechend, wird die Qualität des Vorschlages (plausibel, spannend, interessant, überraschend) wesentlich davon beeinflusst, wie anschaulich das Gespräch verläuft. Hier ist die Spielleiterin bzw. der Spielleiter ziemlich gefordert, denn sie bzw. er muss den Spielenden die im Gespräch entwickelten (theoretischen) Spiellösungen in ihrer möglichen Umsetzung ›vor Augen führen‹, also vorspielen. ›Vorspiel-Gespräch‹ ist für diese Methode vielleicht nicht die treffendste Bezeichnung, doch illustriert sie für meine Begriffe das Gemeinte ausreichend.

Für den Beginn des Stückes *Absurda Comica oder Herr Peter Squenz* (DSpT, 48–55) gestaltete sich das Gespräch in einer Schülertheatergruppe beispielsweise folgendermaßen:

Was passiert? Peter Squenz stellt die Handwerker vor. Wirklich? Wem? *Ich [André Barz] spiele ›Vorstellen der Handwerker‹. Es sieht komisch aus.* Was könnte noch sein? Peter Squenz ruft die Handwerker auf. Er kontrolliert, ob alle da sind. *Ich spiele ›Teilnehmerliste abhaken‹. Das kommt eher hin.* Wo spielt die Szene? Auf einer Baustelle. Wo Stühle sind. In einer Kneipe am Stammtisch. Bei Squenz zu Hause. *Ich greife die beiden letzten Vorschläge auf und spiele ›Stammtisch‹ und ›konspirative Sitzung‹.* Wo ist der Unterschied? Das eine ist öffentlich, das andere abgeschieden. Was ist plausibler? Eher geheimnisvoll. Die Aufführung ist als Überraschung gedacht. Das Treffen darf sich nicht rumsprechen. Vor allem darf der Trick mit den vielen Stückvorschlägen, obwohl sie nur eins spielen können, nicht auffliegen. Das ist in einer Kneipe nicht machbar. Muss es das Wohnzimmer von Squenz sein? Es braucht einen größeren Raum, der abgeschieden ist und ein ›geheimes‹ Treffen ermöglicht. Ein Saal. Wo gibt es in einem Dorf einen Saal? Im Gasthaus. Ist der Saal in einem Gasthaus abgeschieden? Kaum, es spricht sich rum, wenn sich dort Leute treffen. Vielleicht bei jemandem auf der Arbeit. Ist dort ausreichend Platz? Wie wäre es mit einer alten Scheune? Ja. Das würde gehen. Wie kommen die Handwerker dahin? ›Wie‹ im Sinne von Anlass: Squenz hat sie hinbestellt. ›Wie‹ im Sinne von Art und Weise: *Ich spiele ›Treffen der Handwerker auf dem Anger mit anschließendem gemeinsamen Schlendern zur Scheune‹.* So bleibt das Treffen nicht geheim. Das stimmt. Sie müssen einzeln hinkommen. Sie dürfen nicht gesehen werden. Wie werden die Handwerker das Problem lösen, wenn man bedenkt, dass sie nicht gerade die Pfiffigsten sind? Vor allem werden sie es sehr ernst nehmen. Sie werden versuchen, so unauffällig wie möglich bzw. gut getarnt die Scheune zu erreichen, usw. usf.

Wir probierten schließlich: Pickelhering ist schon lange vor Squenz da und wartet hinter einem Strohballen. Ein Handwerker verbirgt sich hinter einem laufenden Gebüsch. Einer kommt mit einem tief in das Gesicht gezogenen Hut. Ein anderer springt oder kriecht von Hausecke zu Hausecke. Der Letzte schließlich kommt mit Kapuze oder hochgeschlagenem Kragen. Peter Squenz wartet derweil, hat vorher die Scheune ausgeleuchtet, nach Sitzgelegenheiten gesucht und bei den Schlägen der Kirchturmuhr aufgemerkt: ›Jetzt müssten sie langsam auftauchen!‹ Als nichts geschieht, ruft er ihre Namen in die Nacht. Nach jedem Aufruf springt ein Handwerker aus seinem Versteck. Squenz fällt von einem Erschrecken in das nächste und hat deshalb allen Grund, sie zusammenzustauchen:

P. S Q U E N Z Verschraubet Euch durch Zutuung Eurer Füße und Niederlassung der hintersten Oberschenkel […], schließet die Repositoria Eures Gehirnes auf, verschließet die Mäuler […], Herr Peter Squenz (cum titulis plenissimis) hat etwas Nachdenkliches anzumelden. (DSpT, 49)

Also zu gut deutsch: Seid ihr von allen guten Geistern verlassen, mich so zu erschrecken? Setzt euch auf eure vier Buchstaben, haltet die Klappen und sperrt eure Löffel auf. Ich habe nämlich einen Vorschlag zu machen, und zwar nicht irgendeinen.

Text ›übersetzen‹

Nicht von ungefähr habe ich den vorangegangenen Abschnitt mit einer ›übersetzten‹ Variante der Squenz'schen Worte beendet. Zeigt sie doch, wie man zu dem gelangen kann, was hinter dem Ganzen steckt – gemäß der Notwendigkeit, spielbare Vorgänge zu entdecken. Die Überlegung ist einfach. Zu Beginn der Erarbeitung einer Szene lesen die Spieler eine Art Übersetzung des jeweiligen Textes der Figuren vor, indem sie das Geschriebene in ihre Sprache übertragen. ›Übersetzen‹ heißt dabei allerdings nicht, Wort für Wort im Verhältnis eins zu eins. Vielmehr soll in diese ›Übersetzung‹ alles einfließen, was einem in den Sinn kommt, was Nuancen finden hilft, Bedeutungen erspüren lässt und die Situation klärt.

Für ein allgemein bekanntes Beispiel, Goethes *Der Zauberlehrling* – geeignet wegen der Möglichkeit, Vers für Vers vorzugehen –, könnte das ungefähr so lauten:

»Hat der alte Hexenmeister / Sich doch einmal wegbegeben!« –
Tja, was anfangen mit der sturmfreien Bude? Ich könnte vielleicht …,
ja, das könnte klappen. Das ist absolut mega …
»Und nun sollen seine Geister / Auch nach meinem Willen leben.« –
Und wieso auch nicht, was der kann, das kann ich schon lange.
»Seine Wort' und Werke / Merkt ich und den Brauch« – *Ha, ha, da sollt*
ihr alle mal sehen, da werd ich's euch allen mal zeigen. Ha, ha.
Und wie ich es drauf habe.
»Und mit Geistesstärke / Tu ich Wunder auch.« – *Das keine falschen*
Zweifel aufkommen. Also wie war das noch gleich? Woll'n mal sehen.
»Walle! walle / Manche Strecke, / Dass, zum Zwecke, / Wasser fließe /*
Und mit reichem, vollem Schwalle / Zu dem Bade sich ergieße.« –
Na also, klappt doch.
»Und nun komm, du alter Besen!« – *Stell dich nicht so an, los jetzt.*
»Nimm die schlechten Lumpenhüllen!« – *Was soll denn das Geziere.*
»Bist schon lange Knecht gewesen: / Nun erfülle meinen Willen!« –
Du weißt doch, wie das geht. Musst doch sonst auch immer spuren.
Da kannst du jetzt ruhig auch mal was für mich tun.
Also wie? Ja gut: »Auf zwei Beinen stehe,«
Moment, was noch? Ah ja: »Oben sei ein Kopf,« – *Und nun ab die Post,*
mach hin.
»Eile nun und gehe / Mit dem Wassertopf!«
Ach so, hätte ich beinahe vergessen, wie sagt der Meister immer?

Mit Würde, mit Würde, die Hände … so, den Blick etwas starr, ja,
so müsste es gehen:
»Walle! walle / Manche Strecke, / Dass, zum Zwecke, / Wasser fließe« –
Bei allen himmlischen und irdischen Mächten, beim Barte meiner
Großmutter, mach, dass es klappt, dass es wirklich klappt. Dass ich nicht
dastehe wie ein Depp.
»Und mit reichem, vollem Schwalle / Zu dem Bade sich ergieße.«
»Seht, er läuft zum Ufer nieder; / Wahrlich! ist schon an dem Flusse, /
Und mit Blitzesschnelle wieder / Ist er hier mit raschem Gusse.« –
Mh, da, da, das gibt's nicht. Es funktioniert. Es funktioniert.
»Schon zum zweiten Male! / Wie das Becken schwillt! / Wie sich jede
Schale / Voll mit Wasser füllt!« – *Das ist genial, ich bin genial.*
Tätä tätä tätä. Triumph. Oh ich fass es nicht.
»Stehe! stehe! / Denn wir haben / Deiner Gaben / Vollgemessen!« –
Okay, okay, das reicht jetzt. Alles klar, hast du cool hingekriegt.
Aber nun ist es genug …
»Ach, ich merk es! wehe! wehe! / Hab ich doch das Wort vergessen!« –
Ach du Sch … Heiliger Strohsack. Das darf doch nicht wahr sein.
Verdammt, sag, dass das nicht wahr ist.

Durch ›Übersetzen‹ von Figurentexten wird das Finden von Vorgängen
einfacher. Die Vorgänge lassen sich in Form von Überschriften für Text-
abschnitte herausfiltern. Für unser Beispiel lauten die möglichen Überschriften:

1 Langeweile
2 Die Idee
3 Rekapitulation
4 Die Tat
5 Triumph
6 Ein Gefühl von Macht
7 Ernüchterung

Die Aufgaben für eine Spielerin oder einen Spieler können so sehr konkret gefasst werden: Du langweilst dich. Du hast eine Idee. Du rekapitu-
lierst früher Geschehenes usw. usf. Dies in konkrete spielbare Handlungen auf der Bühne zu überführen, ist einfacher für Spielende, als wenn sie
nur die Aufforderung erhalten: ›Spiel mal *Hat der alte Hexenmeister /*
Sich doch einmal wegbegeben!‹

Text ›kneten‹

In unseren Spielkursen für Studentinnen und Studenten prägte eine Kol-
legin für eine praktizierte Methode, die insbesondere literarischen Texten
eine völlig neue Seite abgewinnt, den Begriff: ›einen Text *kneten*‹.[25]

Um den Mitspielenden das ›Prinzip‹ dieser Methode zu verdeutlichen, verwende ich gern die ins Arsenal der geflügelten Worte aufgenommenen Begrüßungsworte des Feldmarschalls Illo für den eintreffenden Kroatengeneral Isolani aus Schillers *Wallenstein*:

»Spät kommt Ihr – doch Ihr kommt! Der weite Weg […] entschuldigt Euer Säumen.« (F. S.: Wallenstein. Ein dramat. Gedicht. Hg. Herbert Kraft. Baden-Baden: Insel 1984, S. 55)

> Die Spielenden werden aufgefordert, sich in einem Kreis auf den Boden zu setzen, sich anzufassen und mir (in leichter Abwandlung des Originals) nachzusprechen: »Spät kommt Ihr – doch Ihr kommt! Allein der weite Weg entschuldigt Euer Säumen!« Reihum muss nun jeder diesen Spruch in den verschiedensten Varianten vorsprechen und die Mitspieler sprechen diese Varianten im Chor nach. Es ist nicht nur alles erlaubt, sondern es ist sogar erwünscht, möglichst auch die ausgefallensten Ideen zu probieren. Betrübt, anklagend, belustigt, singend, heulend, sich auf dem Boden windend, als Rapp, zickig, mit erhobenem Zeigefinger, als Opernarie – je kurioser, desto mehr Spaß hat man.

In einem wahlobligatorischen Theaterkurs einer Sekundarschule hörten und sahen (!) wir von einem Schüler der fünften Klasse absolut perfekt die Varianten ›Udo Lindenberg‹ und ›Michael Jackson‹.

Dass sich diese Möglichkeit für die spielerische Annäherung an einen literarischen Text eignen kann, dürfte nicht schwer einzusehen sein, gibt es doch dramatische Texte, in denen die Regieanweisungen schon entsprechende Varianten vorgeben.

In *Clowns* von George Tabori (Auszug in: DSpT, 23) etwa heißt es für ein ganz unprätentiöses »Oh« als Text, es soll klingen wie:

»heuchelt Überraschung […] / ermutigend […] / spröde […] / verständnisvoll […] / forschend […] / beharrlich […] / schüchtern […] / gebieterisch […] / entflammt […] / leidenschaftlich […]«.

Diese Form der Annäherung – ob Regieanweisung oder nicht – eignet sich für jeden Text. Zu Beginn der Szenenerarbeitung besteht deshalb die Möglichkeit, auch folgendermaßen vorzugehen:

> Die Spielenden lesen einen Text nicht mit verteilten Rollen, sondern reihum jeder eine Rolle fortlaufend. Die Intentionen werden von jedem selbst bestimmt, dem Text sozusagen von ›außen‹ aufgesetzt. Dabei entstehen Interpretationen des Textes, scheinen Widersprüche auf, füllen sich Lücken zwischen den Zeilen, und zwar so, dass oft die Schwerfälligkeit vorheriger analytischer Anstrengungen, dem Text beizukommen, verwundert.

Spielleiterinnen bzw. Spielleiter können eine solche Form der Annäherung an den Text nur dann wirklich ›ausreizen‹, wenn sie die Palette der darstellerischen Möglichkeiten kennen und gegebenenfalls anregen können:

- stimmlich (hoch, tief, krächzend, stöhnend usw.),
- sprachlich (Hochsprache, Dialekt, artikuliert, nuschelnd, mit u, i, e wie das Spiel »Drei Chinesen mit dem Kontrabass« usw.),
- körperlich (im Stehen, im Sitzen, kriechend, marschierend, tanzend, an eine Wand gepresst usw.),
- räumlich (weit auseinander, auf einem Stuhl, Tisch, Schrank vs. Fußboden, auf dem Schoß, eng umschlungen usw.),
- psychisch (traurig, melancholisch, freudig usw.),
- soziale Situation/Bedingungen (Bombenhagel, in feiner Gesellschaft, im Unterricht beim Schreiben einer Klausur, am Berg an einem Seil hängend usw.).

Auf diese Weise gelangten zum Beispiel die Studentinnen und Studenten zu den Spielvarianten des Auszugs aus *Warten auf Godot* (↗ S. 51 f.). Mit welcher Leichtigkeit plötzlich mit Vorlagen umgegangen wird, zeigt eine weitere Szene aus diesem Kurs. Zwei Studentinnen spielten:

Eine muss dringend austreten. Die Toilette ist besetzt, es dringen unverwechselbare Geräusche von Anstrengung nach außen. Es dauert. Die davor stehende Frau wird immer ungeduldiger, schließlich: »Was machst du da?« Voller Ironie schallt es von drinnen: »Ich ziehe meine Schuhe aus! Ist dir wohl noch nie passiert, wie?« Die Davorstehende begreift den Sarkasmus nicht, reagiert, von ihrem ›Problem‹ abgelenkt: »Ich hab dir immer schon gesagt, daß man sie jeden Tag auszieht. Du solltest besser auf mich hören.« Drinnen sehr gepresst: »Hilf mich doch!« Draußen erstaunt: »Tut's weh?« Der wütende Angriff: »Weh! [Sie] fragt mich, ob es weh tut!« bringt das ›Problem‹ massiv zurück. Dann von draußen sehr bitter: »Nur du leidest, nur du! Ich zähle nicht. Ich möchte dich mal an meiner Stelle sehen. Du würdest mir was erzählen.« Während der letzten Worte öffnet sich die Tür, die Plätze werden getauscht, von der einen gelassen, von der anderen voller Hast. In die Erleichterung hinein wiederholt diese: »Du würdest mir was erzählen.« (DSpT, 22)

Thema als Spielanlass

Die Ebene der Figuren ist das ›Unbekannte‹ im darstellenden Spiel. Sie ist das ›Mehr‹, das ›Irritierende‹, das ›Überraschende‹. Diese Ebene erfordert zur Darstellung des Allgemeinen im Besonderen die Ausformung der Rolle, der Rollenbeziehungen und damit auch des vorliegenden Ereignisses. In *Bunker* von Christian Martin (Auszug in: DSpT, 16 f.) beispielsweise geht es einerseits um die Ausformung der Rolle ›ehemaliger Parteifunktionär‹ zur Figur ›ehemaliger Parteifunktionär Händl‹. HÄNDL hat im Stück alles, was gemeinhin mit der Rolle ›Parteifunktionär‹ verbunden wird: »kein vater kein mutter keine frau ohn kind nur seine partei«. (C. M.: Bunker. In: Theater der Zeit [Berlin], 46 [1991], Nr. 9, S. 90) Aber er ist darüber hinaus ein konkreter Parteifunktionär, eben Händl, der jetzt Major spielt und durch eigenes Versagen mit anderen Menschen in einem Überlebensbunker eingesperrt ist. Der, um die Stimmung anzuheizen, »ein fest« befiehlt und dann, als man wirklich »Weihnachten« spielt, beim Erzählen eines Märchens weint und schließlich Selbstmord begeht (vgl. ebd.).

Es geht andererseits im Spiel auch um die Ausformung des Gegenstandes der Darstellung. In diesem Fall: »ein fest«. Das Beispiel »ein fest« im Stück *Bunker* zeigt, dass sich am Gegenstand der Darstellung ähnlich dem Verhältnis zwischen Rolle und Figur ebenfalls Bekanntes und Unbekanntes beschreiben lässt. Es gibt ›Essen‹ und ›Trinken‹ als die Bestandteile wohl jeder Feier und notwendige weitere Konkretisierungen. Die Vorschläge dafür sind »führers geburtstag«, »himmelfahrt der männertag« und eben »weihnachten«. Als man sich für letzteres entschieden hat, folgen die Figuren des Stückes nicht mehr nur dem Schema ›Feier‹, sondern jetzt auch dem Schema ›Weihnachten‹, das heißt, es wird ein Baum aufgestellt und geschmückt, es werden Kerzen angezündet und es wird gesungen.

Das Besondere, das Ungewöhnliche, das Unbekannte tritt uns in der Gestaltung durch den Autor auf zwei Ebenen entgegen. Erste Ebene: Die Figuren des Stückes feiern nicht Weihnachten, sie *spielen* ›Weihnachten feiern‹. Und zwar aus Gründen der gewollten (aufgesetzten) Fröhlichkeit in einer ausweglosen Situation, um die Lage erträglicher zu gestalten. Es findet ein Spiel im Spiel statt. Zweite Ebene: Dieses Spiel im Spiel ist wiederum durch Bekanntes (Schema ›Weihnachten‹) und Unbekanntes (als zu schmückender Baum muss der Russ herhalten und zum Schmücken wird Geld verwendet) gekennzeichnet (vgl. ebd.).

Diese Überlegungen eröffnen eine weitere Möglichkeit des Einstiegs in die Erarbeitung einer Szene. Dabei wird nicht die Szene selbst als Ausgangspunkt darstellenden Spiels gewählt, sondern deren Thema.

In einem Spielkurs erhielten Lehramtsstudentinnen und -studenten deshalb nicht den Text *Bunker*, sondern die Aufgabe, eine ›Standbildserie‹ zum Thema ›Fest‹ zu erarbeiten. – Dieses Vorgehen ist ebenso für den Auszug aus Schillers *Die Räuber* (DSpT, 58–64) denkbar, denn auch dort wird etwas gefeiert: die Befreiung Rollers.

Als Ergebnis stellte eine Gruppe eine Geburtstagsfeier vor. Eine andere erarbeitete ›Blitzlichter einer Feier in zeitlichen Abständen‹:

(1) Zwei Gruppen für sich im Gespräch, ein neuer Gesprächsteilnehmer kommt dazu.

(2) Essen und Trinken in zwei Gruppen. Essen wird von einer zur anderen Gruppe gereicht.

(3) Es wird gemeinsam geraucht.

(4) Paarweises Tanzen. Einer schaut zu.

(5) Alle tanzen gemeinsam einen Volkstanz.

(6) Ein engumschlungenes Paar. Ein Betrunkener liegt herum. Eine Frau küsst jemanden. Einer muss sich übergeben.

(7) Alle gehen. Der Betrunkene bleibt zurück.

Solche ›Standbildserien‹ zielen auf das Erinnern, die Mobilisierung eigener sozialer Erfahrungen mit dem Thema. Sie ermöglichen, das Thema zu problematisieren und Spielmaterial zu sammeln, weil sie eine Vielfalt von Situationen sowie unterschiedliche Bewertungen (positiv vs. negativ besetzte Assoziationen) und Reaktionen oder Bewältigungsstrategien anregen. Neben den eigenen Erfahrungen zeigen sie auch Verallgemeinerbares.

Das Schema ›Fest‹ funktionierte auch bei der ›Geburtstagsfeier‹, es gab Begrüßung, Essen, Gespräche, Tanz. Abgesehen davon, dass darüber hinaus dem spezifizierten Fest ›Geburtstagsfeier‹ gehorcht werden musste (gratulieren und überreichen der Geschenke, anstoßen), zeigte diese Gruppe schon eine stärkere Tendenz zum Rollenspiel, da sie eine ›Eifersuchtsszene‹ mit anschließender ›Auseinandersetzung unter Männern‹ und ›Versöhnung‹ integrierte.

Um diese Tendenz weiter auszuprägen, erhielten die Studentinnen und Studenten einen Textauszug in folgender Form:

A Stimmung, Ihr Lahmärsche. Kommt aus der Hüfte. Ein Fest, keine Trauerfeier. Für jeden Einfall eine Prämie.

B Gib Ruhe.

A Himmelfahrt, der Männertag. Eine Prämie. Ich saufe. Ihr.

B Weihnachten.

C Weihnachten.

A Pah. Weihnachten. Von mir aus.

Damit verbunden war die Aufgabe, Situationen zu spielen, die für diesen Text zutreffen könnten. Es entstanden zum Beispiel:

(1) Männertag im Ausklang. Zwei Betrunkene. Ein dazukommender dritter Betrunkener versucht, noch einmal ›Stimmung zu machen‹.

(2) Ein junges Paar beim Männertag, sich zärtlich umarmend. Ein dazukommender Mann erschreckt das Paar und versucht, den Partner der Frau zu männertagsadäquatem Verhalten zu bewegen. Als das scheitert, verlässt er verächtlich abwinkend das Paar.

(3) In der Kirche beim Beten. Einer erträgt diese Atmosphäre nicht und versucht, sich unterdrückt Luft zu machen.

(4) Beerdigung. Danach Trauerfeier mit Essen. Missglückter Versuch eines Gastes, die Hinterbliebenen zu trösten.

(5) Zwei Prostituierte versuchen einen Mann ›anzumachen‹. Im Schlusssatz wird deutlich, dass es sich um einen Schwulen handelt.

(6) Eine irgendwo eingeschlossene Gruppe von Menschen verschiedener Couleur: einer, der Optimismus verbreiten will; ein Zyniker: Weihnachten; ein schon Irrer, der sich beim Stichwort ›Weihnachten‹ an etwas zu erinnern scheint, usw. usf.

Wichtig war, dass ein erster Entwurf einer Idee und eine Bearbeitung entstanden. Dabei wurde deutlich, dass die Szenen genauer waren, wenn die Spielenden eine konkrete Vorstellung über das Wer?, Wo?, Was?, Warum?, Wie?, Woher? und Wohin? der Szene entwickelt hatten.

Jetzt erst bekamen die Studentinnen und Studenten den vollständigen Text *Bunker* in die Hand. Damit schob sich über ihre Varianten die Variante des Autors Christian Martin: Zum schon erwähnten HÄNDL kommen PING und PONG, ein desertierter RUSS, eine FIDSCHI und eine polnische NUTT usw. Die Varianten der Studentinnen und Studenten dienen einerseits als Spielmaterial möglicher Spielweisen (und damit Lesarten) für vom Autor nicht eingeschriebene Vorgänge, andererseits als Folie für das Nachempfinden der Figuren des Stückes und deren Situation.

In Figuren einfühlen

Die schon angeklungenen Fragen Wer?, Wo?, Was?, Warum?, Wie?, Woher? und Wohin? führen zu einem wesentlichen Aspekt darstellenden Spiels. Sehr schnell merken Zuschauende wie Spielende, dass sich Geschichten dann gut erzählen lassen, wenn sich die Spielenden selbst klar definiert haben. Also sich selbst ziemlich eindeutig die Fragen beantwortet haben:

Wer bin ich? Wie heiße ich? Wie alt bin ich? Was bin ich von Beruf? Wo bin ich hier? Was mache ich hier? Mit wem habe ich es zu tun? Welche Beziehung habe ich zu ihm oder zu ihr? Was mag ich an ihm oder an ihr? Was stört mich an ihm oder an ihr? Freue ich mich auf sie oder ihn? Habe ich Wut? usw. usf.

Der Prozess der ›Einfühlung‹ in die Figuren kann durch folgendes methodisches Vorgehen unterstützt werden:

Die Spielleiterin bzw. der Spielleiter tritt hinter (!) die Spielenden und fragt: »Wer bin ich?« Die Spielenden fangen daraufhin an, im Sinne eines hörbaren

›inneren Monologs‹ mögliche Gedanken ihrer Figuren zu entwickeln. Die Spielleiterin bzw. der Spielleiter führt diese Gedanken durch Impulsfragen behutsam weiter. Zu beachten ist dabei, dass kein Dialog entsteht. Die Spielleiterin bzw. der Spielleiter ist nur als Anreger, sozusagen als ›zweites Ich‹, anwesend.

Diese ›Einfühlung‹ ermöglicht es, bei den Spielenden eine Vorstellung von dem zu entwickeln, was durch Spiel ausgedrückt werden soll. Das kann sogar als gute Hilfe dazu führen, dass die so entstehenden Figurenbiografien sich in eigenen kleinen Geschichten spiegeln und in den Proben zunächst mitgespielt werden. Das gibt den Spielenden die Gelegenheit, sich in die eigentliche Situation, etwa einer literarischen Vorlage, ›hineinzubegeben‹, Handlungsweisen zu motivieren, Gefühlsausbrüche innerlich vorzubereiten etc. Denn es ist nicht immer leicht, besonders nicht für nichtprofessionelle Schauspielerinnen und Schauspieler, durch einen Text vorgegebene Reaktionen voraussetzungslos, quasi ›aus dem Stand‹ zu spielen.

Aus diesem Grund wurde beispielsweise in einem Kurs bei der Umsetzung von Bertolt Brechts Szene *Das neue Kleid* (in: DSpT, 21 f.) folgende ›Vorgeschichte‹ erfunden: Der Mann und das Mädchen sitzen, verliebt Zärtlichkeiten tauschend, im Kino und sind voller Glücksgefühl, als sie das Kino verlassen. Der das Kleid aufweichende Regen holt sie ›aus dem siebten Himmel‹. Der Studentin, die das Mädchen spielte, gelang auf diese Weise, die Wut ebenso glaubhaft darzustellen wie die vollständige, sich bis zur Angst steigernde Ernüchterung, als sie die SA-Leute entdeckt.

Eine Art ›Vorgeschichte‹ kann aber auch als Deutungsvariante in einer Inszenierung erhalten bleiben.

In einer Schülertheatergruppe, die *Goethe im Examen* von Egon Friedell und Alfred Polgar (in: DSpT, 92 – 100) probierte, kamen wir auf die Idee, dass Züsts Freundin mit einer Flasche Wein vor der Tür steht. Sie erhofft sich einen schönen Abend bei Kerzenschein und Schmusemusik. Züst öffnet auf ihr Klopfen hin die Tür, ohne sie wahrzunehmen. Er memoriert lautlos vor sich hin, während er auf dem Absatz kehrtmacht und sich sofort wieder seinen Büchern zuwendet. Linerl ist über die Begrüßung zwar nicht erfreut, ahnt aber noch nichts Böses. Sie öffnet die Flasche Wein, stellt Gläser bereit, schenkt ein und reicht Züst mit einem Lächeln ein Glas. In dem Moment bricht sich Züsts Verzweiflung Bahn: »Es geht nicht, es geht nicht!« Linerl versucht ihn aufzumuntern und rückt mit dem Glas näher heran: »Aber schau! Das bisserl Goethe wirst scho'a no derlerna.« Züst explodiert: »Das bisserl?!?«, und mit einer heftigen Bewegung verschüttet er Wein aus dem Glas, das Linerl ihm immer noch hinhält. (Zitate ebd., 92) Linerl zieht sich daraufhin wütend zurück und säubert Hände und Kleid.

Die Methode des ›Wer bin ich?‹ ist für unterschiedliche spielerische Anforderungen verwendbar. Mit ihr kann eine Szene ohne literarische Vorlage entwickelt werden. Ein selbst gewähltes Thema liefert den Ausgangspunkt, verschiedene Varianten von Figurenhaltungen werden von den Spielenden angeboten, die Figuren mit Hilfe der Fragen konkretisiert, im Spiel wieder ausprobiert, neu reflektiert usw., bis schließlich die Szene fixiert werden kann.

In einer anderen Schülertheatergruppe bestand der Wunsch, einerseits verschiedene Arten von Heiratsanträgen und andererseits mögliche Varianten, sich vom Partner zu trennen, auszuspielen, ohne zu einer fixierten Szene vorzudringen.

Spielleiterinnen bzw. Spielleiter sollten unbedingt darauf achten, dass nicht nur die Figuren immer konkreter, sondern auch Drehpunkte erspielt werden. Gerade freie Improvisationen zerfließen sonst sehr schnell, treffen nicht den Kern und werden langweilig. Für noch ungeübte Spielerinnen und Spieler ist das selbstständige Finden von Drehpunkten aus der Szene heraus ohne Zweifel schwierig. Hier kann die Spielleiterin bzw. der Spielleiter helfen, indem sie/er Figuren von *außen* ›einspeist‹, was die Spielenden vorher aber nicht wissen.

In einer Improvisation zum Thema ›Warten‹ beispielsweise wurde Folgendes gezeigt: Eine Ehefrau wartet mit dem Essen auf ihren Mann. Es wird immer später und sie ist wütend, weil sie nicht mehr weiß, was sie mit dem Essen noch anstellen soll. Ihr Mann wollte nur schnell noch etwas erledigen. Endlich kommt er. Die Frau macht ihm ziemlich aufgebracht Vorwürfe. Der Mann entschuldigt sich, die Frau beruhigt sich und der Punkt ist erreicht, wo beim gemeinsamen Essen der Friede so gut wie wiederhergestellt ist.

In diesem Moment taucht (von mir geschickt) der Kumpel des Mannes auf, um ihn zum Fußball abzuholen. Seine Worte: »Na los, Mensch! Ich warte jetzt unten schon eine halbe Stunde. Beim Frühschoppen haste noch die große Klappe gehabt, und jetzt?«

Schien die Szene vorher in trauter Einigkeit beendet, erhielt sie jetzt neuen Zündstoff und Ehefrau und Ehemann mussten sich neu verhalten.

Die Beantwortung der Frage ›Wer bin ich?‹ ermöglicht es weiterhin, beim Spiel nach einem relativ inhaltsleeren Text über Figuren-Definitionen verschiedene Interpretationen zu erarbeiten. Geeignet dafür sind der mehrmals erwähnte Auszug aus *Warten auf Godot* (DSpT, 22) oder der von uns aus methodischen Gründen genauerer Indizien für Figurenbiografien entledigte Text aus *Bunker* (↗ S. 59). Denkbar wären auch solche Texte wie der Szenenauszug aus George Taboris *Clowns* (DSpT, 23) oder das Minidrama *Streit* von Daniil Charms (DSpT, 24).

Neben den Texten, die ich der Anschaulichkeit wegen ›relativ inhalts-leer‹ nenne, sind auch Texte geeignet, die durch ihre relativ offene Struktur auffallen und deshalb zum Spielen immer neuer Deutungen geradezu einladen. Eine sehr dankbare, spannende Vorlage ist Hans Christian Andersens Märchen *Des Kaisers neue Kleider*:

> Der Text wird vorgelesen, anschließend gemeinschaftlich nacherzählt, um die handelnden Figuren zu ermitteln und sich die Fabel zu vergewissern. Danach werden die Figuren verteilt und mit der beschriebenen Methode des ›Wer bin ich?‹ mögliche Lesarten der Figuren durch die Spielenden entwickelt. Wichtig ist, dass die Spielenden sich gegenseitig genau zuhören, um sich spannende und witzige Einfälle zu merken, damit diese für das Spiel dann wieder produktiv gemacht werden können.

Auf diese Weise wird eine Konkretisierung der Figuren erreicht: Aus dem ›Volk‹ wird beispielsweise ein ›Schuster‹, aus Minister und Staatsmann werden Schönheits- und Finanzminister, aus den Betrügern wird ein älterer Mann, der nach dem Tod seines Betrügerkumpels nun mit dessen Tochter das Gewerbe weiterführt usw.

Zum anderen gelangt man zur Charakterisierung der Figuren: Der Schuster erträgt die Tristheit des Lebens nur, weil er vor 26 Jahren einmal Schuhe für den Kaiser machen durfte; der Schönheitsminister ist aufgrund seiner außerordentlichen Fähigkeiten auf dem Gebiet der Kosmetik an den Hof gelangt; in anderen Spielvarianten belauern und misstrauen sich die Betrüger gegenseitig; die Minister sind Intriganten und benutzen die Betrüger, um den König zu stürzen; unter den Kavalieren befindet sich ein Höfling, der offiziell dem Kaiser huldigt und inoffiziell mit dessen Mätresse schläft, usw. usf.

Und letztlich gewinnt man auch Handlungsanlässe: Die Betrüger reagieren auf einen Aushang »Kaiser sucht Schneider o. Ä.!«; die Betrüger sitzen in der Kneipe und planen den nächsten Coup, der Wirt bringt sie mit seinem Geplauder über den sich nur um seine Kleidung kümmernden und die Regierungsgeschäfte vernachlässigenden Kaiser auf die entscheidende Idee; die Betrüger sind mit Vorsatz in die Stadt gekommen, weil sie von dem Tick des Kaisers gehört haben.[26]

Natürlich ist die Methode des ›Wer bin ich?‹ für jeden anderen literarischen Text als Spielvorlage geeignet. Zu beachten ist, dass die Konkretisierungen der Figuren im deutlichen Zusammenhang mit den im Text objektivierbaren Figurenmerkmalen entworfen werden. Das heißt, es schiebt sich beim Probieren an solchen Texten immer wieder eine Phase ein, bei der am Text kontrolliert werden muss, ob man sich nicht zu weit von der Vorlage entfernt hat, indem nach der Plausibilität der Figuren gefragt wird. Denn es sollte gelten, dass Figuren über eigene Erfahrungswelten und Rollenvorstellungen hinaus als künstlerisch gestaltete individuelle und konkrete Menschen gespielt werden. Die ›Einfühlung‹ darf keine Reduzierung des künstlerischen Entwurfs bedeuten. Und als Chance muss begriffen werden, dass durch den Versuch, die Figuren so genau wie möglich zu spielen, etwas erfahrbar wird, was aus heutiger Sicht nicht nachzuvollziehen ist und ohne das Herausspüren der in die literarische Vorlage eingeschriebenen Merkmale nicht ins Spiel gebracht würde.

Als Beispiel habe ich für die Figuren WOYZECK und MARIE in Georg Büchners *Woyzeck* (Auszug in: DSpT, 69 f.) die Charakterisierungen aus dem Text herausgefiltert. In Klammern stehen die Figuren des Stückes, von denen die Aussagen stammen.

Woyzeck

»Er sieht immer so verhetzt aus!« »Oh, Er ist dumm, ganz abscheulich dumm!« »Er ist ein guter Mensch, – aber – Woyzeck, Er hat keine Moral!« »Er hat ein Kind ohne den Segen der Kirche […].« »Er läuft ja wie ein offnes Rasiermesser durch die Welt, man schneidet sich an Ihm; Er läuft, als hätt Er ein Regiment Kastrierte zu rasieren und würde gehenkt über dem längsten Haar noch vorm Verschwinden.« »Kerl, Er ist ja kreideweiß!« »Er ersticht mich mit seinen Augen […].« (HAUPT-MANN)

»Der Mann! So vergeistert.« »Er schnappt noch über mit den Gedanken!« »Du bist hirnwütig, Franz.« (MARIE)

Er schneidet Stecken für den Hauptmann. (MARIE)

»[Erhält] drei Groschen täglich und Kost!« »Hat auf die Straß' gepisst, an die Wand gepisst […].« »Er philosophiert wieder.« »Er hat eine Aberratio.« »Er hat die schönste Aberratio mentalis partialis […].« Rasiert seinen Hauptmann. »[…] Puls! – Klein, hart, hüpfend, unregelmäßig.« »Gesichtsmuskeln starr, gespannt, zuweilen hüpfend. Haltung aufgeregt, gespannt.« »[…] der Mensch, seit einem Vierteljahr isst er nichts als Erbsen […,] was ein ungleicher Puls! der und die Augen!« (DOKTOR)

Gibt »das Geld für die Menage« seiner Marie. »[…] ich bin ein armer Teufel – und hab sonst nichts auf der Welt [als Marie].« »[…] ich hab's Zittern.« Holt seinem Offizier Wein. Besitzt ein »Kamisolchen«, »ein Kreuz«, ein »Ringlein«, »ein' Heiligen, zwei Herze und schön Gold«. »Friedrich Johann Franz Woyzeck, Wehrmann, Füsilier im 2. Regiment, 2. Bataillon, 4. Kompanie, geboren Mariä Verkündigung, den 20. Juli. Ich bin heut alt 30 Jahr, 7 Monat und 12 Tage.« (WOYZECK)

»Er kracht mit den Fingern« (Regieanweisung)

Er ist zwei Jahre mit Marie zusammen. (MARIE)

Marie

»Sie guckt sieben Paar lederne Hosen durch!« (MARGRET)

»Was ein Weibsbild!«, »zur Zucht von Tambourmajors!« Augen, »als ob man in ein' Ziehbrunnen oder zu einem Schornstein hinunter guckt.« »Wild Tier!«

»Sieht dir der Teufel aus den Augen?« (TAMBOURMAJOR) »Ein köstlich Weibsbild! die hat Schenkel, und alles so heiß!« (Tambourmajor nach Aussage von
ANDRES)

»Zum Fortpflanzen von Kürassierregimentern!« »Wie sie den Kopf trägt! Man
meint, das schwarze Haar müsst sie abwärts ziehn wie ein Gewicht. Und Augen – «
(UNTEROFFIZIER)

»[…] und doch hab ich ein' so roten Mund als die großen Madamen mit ihren
Spiegeln von oben bis unten und ihren schönen Herrn […].« »Ich bin stolz vor
allen Weibern!« »Mein Vater hat mich nit anzugreifen gewagt, wie ich zehn Jahr
alt war, wenn ich ihn ansah.« (MARIE)

»Du hast ein' roten Mund, Marie.« »Wie, Marie, du bist schön wie die Sünde
[…].« »Weib! Das Weib is heiß, heiß! – Immer zu, immer zu!« »[…] sie war doch
ein einzig Mädel.« »Was du heiße Lippen hast! heiß, heißen Hurenatem!« (WOY-
ZECK) (Zit. nach: Büchners Werke in einem Band. Berlin/Weimar: Aufbau 1974, S. 177–205)

Abschließend sind noch Texte zu erwähnen, die sich von der Charakterisierung für die Methode des ›Wer bin ich?‹ zwischen Texte mit relativ
offener Struktur und Texte mit objektivierbaren Figurenbiografien schieben. Ein solcher Text ist *Linie 1* von Volker Ludwig (Auszug in: DSpT,
25–30). In diesem Stück gibt es Figuren wie SIE, ER, TÜRKIN, MANN,
FRAU, die in Episoden auftauchen; MÄDCHEN, JUNGE, MARIA und BAMBI
hingegen sind im ganzen Stück präsent und mit einer individuellen Geschichte ausgestattet. Damit ist eine relativ freie Entwicklung von Figurenbiografien verknüpfbar mit den vom Text Vorgegebenem.

Requisit als Spielanlass

In manchen Texten spielt ein Gegenstand eine besondere Rolle. Solche
Gegenstände können Drehpunkte bewirken; sie können Handlungen, ja
sogar ein ganzes Stück überhaupt erst auslösen, und sie können durch die
Art und Weise, wie mit ihnen umgegangen wird, etwas über die jeweiligen Figuren erzählen.

In *Ein Puppenheim (Nora)* ist es ein Brief, vor dessen Inhalt sich Nora
fürchtet. In *Woyzeck* sind es Ohrringe, die Marie geschenkt bekommen
hat und die die Aufmerksamkeit Woyzecks erregen. In *Der Irrläufer* ist
es ein Hut, der, liegen geblieben, Unheil heraufbeschwören kann, weil er
auf den Besitzer verweist. In *Philoktet* ist es Pfeil und Bogen, für deren
Erwerb Lug und Trug als legitimes politisches Mittel behauptet wird. In
Bernarda Albas Haus ist es das Bild von Pepe, das die Gemüter erhitzt,
den Schwelbrand in den Beziehungen der Schwestern zum Auflodern
bringt. In *Der Selbstmörder* ist ein Zipfelchen Leberwurst der Stein des
Anstoßes. Und in *Bin ausgebrannt und zapple noch* spricht Marco von

»Prunkstücken« einer »kostbaren Sammlung« seines Vaters. Der Vater scheint überrascht, dass Marco über seine »Messersammlung« Bescheid weiß. Deutet sich hier das Trauma der Familie von Marianne, Johannes und Marco an? In *Literatur* liefern zwei Romane den Anlass für die Auseinandersetzungen. (Alle in: DSpT)

Den Umgang mit Requisiten als Spielanlass zu wählen, bietet die Möglichkeit, bei der Annäherung an Texte unabhängig von der konkreten Vorlage Spielvorgänge zu entwickeln und sich dabei auch eigener Befindlichkeiten zu vergewissern. Voraussetzung dafür ist eine »empfindsame sinnlich-praktische tätige Beziehung zum Requisit«[27].

Es gilt also, die Spielenden zuerst für den Gegenstand zu sensibilisieren. Deshalb ist es sinnvoll, den Umgang mit dem Gegenstand nicht sofort im Rahmen der Szene einer literarischen Vorlage zu probieren. Vielmehr sollte eine ursprüngliche Beziehung zu ihm entwickelt werden. In *Die Insel* und *Absurda Comica oder Herr Peter Squenz* ist diese Idee literarisch umgesetzt.

In *Die Insel* probieren zwei Häftlinge das Stück *Antigone*. Sie verwenden in Ermangelung echter Requisiten eine aus einem Strick und rostigen Nägeln gefertigte Halskette für Antigone und eine aus einem Strick und einem Blechbüchsendeckel gefertigte Medaille für Kreon. (Auszug in: DSpT, 128–133) Im Stück *Absurda Comica oder Herr Peter Squenz* gerät die Verwendung von Requisiten eher zur Farce: KRICKS soll den Mond spielen. Aber wie? Er kommt auf die Idee, ein Licht in eine Laterne zu stellen und diese Laterne auf eine »halbe Picke« zu stecken. (DSpT, 52)

Beiden Beispielen ist gemeinsam, dass die Figuren etwas machen, was Kinder im Spiel praktizieren: Sie deuten einen Gegenstand um und verwenden ihn nach ihrem Spielwillen. Dem geht aber etwas voraus. Die Umdeutungen sind nicht beliebig. Der Gegenstand muss sich für die Umdeutung eignen. Am Spielverhalten von Kindern lässt sich beobachten, was für die »empfindsame sinnlich-praktische tätige Beziehung zum Requisit« im darstellenden Spiel von Bedeutung ist. Sie ›untersuchen‹ den Gegenstand, binden ihn in ein Funktionsspiel ein, um herauszufinden, wofür er sich gebrauchen lässt, wie er schmeckt, riecht usw., in etwa so, wie die Titelfigur in Beat Fähs Stück *Max* (Auszug in: TSpK, 59) neugierig mit dem Staubsauger spielt.

Diese Überlegungen einbeziehend, kann die Spielleiterin bzw. der Spielleiter in Anlehnung an Übungen der Schauspielmethodik[28] eine Abfolge von Spielaufgaben entwickeln.

(1) Die Spielenden werden zum Beispiel gebeten, ein Tuch mitzubringen. Sie erhalten die Aufgabe, dieses Tuch ›zu untersuchen‹. Es geht um Entdeckung des an sich bekannten Gegenstandes. Wie fühlt es sich an, wie riecht es, kann es schweben, kann man durchsehen, hat es ein Muster, welche Farbe hat es, entstehen Assoziationen, tauchen Erinnerungen auf, die mit Geruch, Material usw. verbunden sind? usw. usf.

(2) Die Spieler erhalten die Aufgabe, das Tuch umzudeuten (Waschlappen, Scheuerhader, zusammengerollt eine Schlange).

(3) Die Spieler erhalten die Aufgabe, es als ein bestimmtes Tuch zu verwenden (Tragetuch, Handtuch, Taschentuch, Kopftuch, Tischtuch, Betttuch).

(4) Die Spieler erhalten die Aufgabe, das Tuch in einen Vorgang einzubinden. (Ein Verletzter auf der Straße, vermutlich hat er den Arm gebrochen. Der Arm wird mit einem Dreiecktuch ruhig gestellt.)

(5) Die Spieler erhalten die Aufgabe, nach Hause zu kommen und irgendwann ein ihnen unbekanntes Tuch in der Wohnung zu entdecken.

(6) Die Spieler erhalten die Aufgabe, nach Hause zu kommen und irgendwann ein ihnen unbekanntes Tuch zu entdecken. Ein zweiter Spieler kommt als Partner des ersten etwas später ebenfalls nach Hause.

Für diese Spielaufgaben eignet sich jeder Gegenstand, der in einer literarischen Vorlage eine bestimmte Rolle spielt. Insbesondere im Unterricht lässt sich möglicherweise Spannung bzw. ein Aha-Effekt erzeugen, beginnt man so die Behandlung eines Stückes, ohne dass die Schülerinnen und Schüler wissen, dass ihnen der Gegenstand später wiederbegegnen wird. Bei Studentinnen und Studenten gab es jedenfalls in Spielkursen solche Momente. Beispielsweise habe ich als Aufgabe formuliert:

Die Spielenden kommen nach Hause und entdecken irgendwann einen Brief, der an den Partner adressiert ist, dessen Absender ihnen nicht nur unbekannt, sondern auch männlichen vs. weiblichen Geschlechts ist, je nachdem, ob die Spielenden weiblich oder männlich sind.

Es entstanden interessante Varianten. Ein Student spielte, wie er in seiner Wohnung etwas sucht und nicht findet. Er sucht weiter, bis er, während er den nächsten Schrank durchsucht, einen Brief entdeckt. Er stutzt, ringt mit sich – lesen oder nicht –, legt ihn sichtbar auf den Tisch und wartet. Eine Studentin spielte, wie sie den Briefkasten leert und beim Zeitunglesen der Brief herausfällt. Sie öffnet ihn, ist empört, verschließt ihn wieder und legt ihn an den Platz des Partners am gemeinsamen Tisch im Wohnzimmer usw.

Die Gegenstände bieten also die Möglichkeit, Drehpunkte zu spielen. Die Haltungen der Spielenden verändern sich. Wird aus einem zur Behandlung im Unterricht anstehenden oder für eine Erarbeitung im Kurs Darstellendes Spiel geplanten Stück zunächst ein relevanter Gegenstand als Spielanlass herausgelöst, entsteht so etwas wie ein für das Verständnis des Stückes bzw. der Spielsituation bedeutsames Nachvollziehen von Figurenmotivationen.

Als ich mit den Studentinnen und Studenten dann *Ein Puppenheim (Nora)* probierte, war schon etwas von dem Gefühl für den Gegenstand ›Brief‹ in die Szenen hinübergeholt worden. Er wurde nicht achtlos weggespielt. Ähnliches ließe sich für die Ohrringe bei der Arbeit an der Szene »Mariens Kammer« aus *Woyzeck* beschreiben. Über das Spiel mit den Ohrringen wurde die Eifersucht Woyzecks für die ihn verkörpernden Studenten ebenso spürbar wie für die Studentinnen das schlechte Gewissen von Marie. Auch blitzten manchmal durch die Besetzungen und die Spielweisen Konstellationen auf, die aufgrund der Figurenmerkmale, die im Text beschrieben sind, nicht probiert werden mussten und trotzdem eine Ahnung von der Beziehung Woyzeck – Marie vermittelten. Es passierte zum Beispiel, dass eine gutaussehende, selbstbewusste Studentin als Marie den Spielpartner als Woyzeck derart anbrüllte, er möge sie mit seiner dämlichen Eifersucht verschonen, dass der Student zusammenzuckte und nur noch schüchtern durch die Wohnung schlich und zusah, außer Reichweite zu kommen. Entspricht das nicht der Situation Woyzecks, wenn sein Versuch, Marie wegen der Ohrringe zur Rede zu stellen – »Ich hab so noch nix gefunden, zwei auf einmal!« –, von ihr abgeschmettert wird: »Bin ich ein Mensch?«, und er sofort einlenkt: »'s is gut, Marie«? (DSpT, 69)

Solcherart Entdeckungen hat darstellendes Spiel anderen Formen der Texterschließung voraus. Sie werden möglich, weil Spiel, durch entsprechende Spielaufgaben organisiert und initiiert, einerseits bestimmte Reaktionen »provoziert«, andererseits wesentlich von der Spontanität der sich im Spiel verhaltenden Menschen beeinflusst wird, die Unvorhersehbares entwickelt.

Überlegungen zum Umgang mit darstellendem Spiel im weiten Sinn

Das Spiel der Schauspielerin bzw. des Schauspielers konstituiert Theater. Wenn dieses Spiel nicht stimmig oder, schlimmer, kein Spiel ist, sondern die Rezitation von Texten, dann retten weder Bühnenbild noch Kostüme die Aufführung. Dennoch gehören zu einer Aufführung, gehören zum Theater als kollektivem Kunstwerk Bühnenbild, Kostüme, Licht, Ton und Requisiten. Sie unterstützen das Spiel der Schauspielerin bzw. des Schauspielers nicht nur, sie erzählen die darzustellende Geschichte mit. Deshalb sind sie genauso wenig zufällig oder willkürlich gewählt wie das, was die

Schauspielerin bzw. der Schauspieler tut oder lässt. Aus diesem Grund möchte ich im Folgenden einige Gedanken äußern, die das Bild vom darstellenden Spiel mit Blick auf Theater als Ganzes abrunden sollen.

Vorab sei noch festgehalten: Ist an eine öffentliche Aufführung gedacht, dann ist prinzipiell zu beachten, dass bei einem Stück, dessen Autor noch nicht 70 Jahre tot ist, die entsprechenden *Aufführungsrechte* beim Verlag zu erwerben sind. Bei Autoren, die länger als 70 Jahre tot sind, müssen nur dann Rechte zur Aufführung erworben werden, wenn eine Neuübersetzung verwendet werden soll. Auch Übersetzungen sind rechtlich geschützt. Die Erfahrung zeigt, dass die Verlage bei der Festlegung von Konditionen in der Regel Schülertheatergruppen gegenüber sehr entgegenkommend sind.

Inszenierungskonzeption

Wird die Aufführung eines ganzen Theaterstückes angestrebt – in einer Theatergruppe, als Ergebnis eines Projektes bzw. wahlobligatorischen Kurses Theater oder im Rahmen des Faches Darstellendes Spiel –, ist das Zusammenwirken der je eigenen Ausdrucksmöglichkeiten der oben genannten weiteren Bestandteile von Theater zu arrangieren. Das geschieht auf der Grundlage einer Konzeption. In einem Theater wird sie von der Dramaturgie gemeinsam mit der Regie ausgearbeitet.

Eine solche Konzeption basiert zunächst auf einem bestimmten Grundverständnis von Theater. Warum Theater spielen? Jede Theatergruppe, die beschließt, anderen Menschen etwas vorzuspielen, wird sich diese Frage in der einen oder anderen Form zu stellen haben. Bei der Arbeit im Fach Darstellendes Spiel wird es möglich sein, die Beantwortung dieser Frage an die Diskussion verschiedener Theaterästhetiken zu binden, etwa mit Bertolt Brechts Lehrstücktheorie oder mit dem Theater des Absurden oder dem *Teatro do Oprimido* (1975; dt. *Theater der Unterdrückten*, 1979) des Brasilianers Augusto Boal oder dem ›armen Theater‹ des Polen Jerzy Grotowski (*Towards a Poor Theatre*, 1968; dt. *Das arme Theater*, 1968).

In einer Theatergruppe werden bei der Verständigung darüber, warum man Theater spielen will, wahrscheinlich kaum theoretische Konzepte im Mittelpunkt stehen. Die Diskussion wird sich daran entzünden, welches Stück gespielt und in welcher Form es dem Publikum präsentiert werden soll. Hier geht es auf direktere Weise darum, was die einzelnen Mitglieder der Gruppe am Theaterspielen reizt – oft ist das abhängig davon, welche Erfahrungen man mit Theater*sehen* gemacht hat. Um die geäußerten Meinungen zusammenfassen zu können, damit sie für den weiteren Umgang mit Theater quasi auf den Punkt gebracht werden, kann man sich zum Beispiel ein Zitat auswählen, das die eigenen Vorstellungen von dem, was Theater soll oder kann, gut wiederspiegelt.

Ein Zitat wie das folgende von Jean Genet ist gewiss nicht ohne Grund in das Programmheft der schon erwähnten Leipziger Inszenierung von *Die Zofen* (↗ S. 39 f.) aufgenommen worden:

»Ohne dass ich genau sagen könnte, was Theater ist, weiß ich doch, was es für mich nicht sein darf: die Beschreibung von außen betrachteter, alltäglicher Gebärden: ich gehe ins Theater, um mich auf der Bühne so zu sehen (wiederhergestellt in einer einzigen Person oder mit Hilfe einer vielfachen Person und in Form eines Märchens), wie ich mich nicht zu sehen oder zu träumen vermöchte – oder zu träumen wagen würde – und wie ich meines Wesens doch bin.«[29]

Natürlich ist ein Grundkonzept von Theater später aufgehoben in der Entscheidung für ein bestimmtes Stück, für eine bestimmte Übersetzung eines Stückes, die dafür entwickelte Inszenierungskonzeption und die daraus unter Umständen resultierenden Textstreichungen oder Textmontagen.

Um bei meinem Beispiel zu bleiben: Nähert sich die eigene Auffassung von Theater solchen Aussagen wie denen von Genet, werden seine Stücke sicher zur Wahl stehen. Erst recht wird eine Inszenierungskonzeption für eines seiner Stücke die Oberfläche amüsierter Lektüre durchstoßen, wird freilegen, was man nicht zu träumen wagt, wird das Erschrecken provozieren im Erkennen, »wie ich meines Wesens doch bin«. Der Regisseur Pierre Walter Politz entwickelte eine überraschende und irritierende, in ihrer Konsequenz jedoch plausible Lesart von *Die Zofen*. In seinen *Notizen zur Inszenierung* »*Die Zofen*« *von Jean Genet* heißt es:

»1. Die Zofen: Eine Welt ohne Frauen, eine Form, wie Männer umgehen mit dem Chaos ihrer Gefühle, mit dem Sumpf ihrer tiefsten emotionalen Verstrickungen, die sie über Rituale, Ästhetik, Zeremonien in den Griff zu bekommen versuchen, zu beherrschen versuchen; aber das Chaos ist stärker.

2. Frauenbilder: Die Zofen, Madame, bilden nur die Folie für diese schmerzhaften Auseinandersetzungen der Männerwelt, die Genet zeigt, mit der Welt des Chaos, der Gefühle, mit der unberechenbaren Gewalt der Natur in uns, die auch die Frau für den Mann verkörpert und symbolisiert.

3. Die Zofen: einfach eine Berufsbezeichnung für zwei Männer, die ›Madame‹ als Sklaven, als sexuelle Form von Zofen dienen. Sie spielen den Mord an Madame als sadomasochistisches Ritual, das ein Erzähler und Beobachter (Genet, de Sade, Pasolini?), der später in die Rolle der Madame ganz bewusst hineinschlüpfen wird, sieht und steuert. Eine dunkle Welt der Exzesse, der erotischen Rituale, aus denen es kein Entrinnen außer den Tod [gibt].

4. Der Autor: Genet bleibt gefangen in seinem Fegefeuer zwischen Hass, Verachtung, Bosheit einerseits und Sehnsucht, Bewunderung, Liebe anderer-

seits. Das zentrale Thema der ›Zofen‹: Wir können uns nicht von dem befreien, von dem wir uns erhoffen, geliebt und anerkannt zu werden. Dieses lust-qualvolle Gefangensein: man kann sich nicht von dem Prinzip lösen, von dem man seine Existenzberechtigung ableitet, etwas, das man a) sein möchte und von dem man b) verzweifelt geliebt werden möchte. Das uralte Spiel von Herr und Knecht wird bei Genet ein archetypisches Bild für ein selbst geschaffenes und selbst inszeniertes Gefängnis.«[30]

Die Rigorosität dieser Lesart und deren Umsetzung fordert Zuschauerinnen und Zuschauer in verschiedener Hinsicht heraus. Sie werden mit Männern in den Rollen der Zofen und der Madame konfrontiert, entgegen ihrer Erwartungshaltung. Hier setzt sich das Konzept der Inszenierung linear in der entsprechenden Besetzung der Rollen fort. Sie werden auch nicht, wie es der Text vorschreibt, in das Schlafzimmer der Madame geführt, sondern sehen sich einem Bühnenraum gegenüber, der eine Kombination von Nachtbar und Bordell vorstellt. Der Eindruck wird durch entsprechendes Licht und live gespielte Musik verstärkt. Die Zuschauerinnen und Zuschauer haben Mühe, den erfundenen Erzähler und die Madame des Stückes, von einem Schauspieler gespielt, auseinander zu halten, ebenso den Text des Stückes und weitere montierte Texte von Jean Genet und Marquis de Sade. Die Schauspieler spielen über weite Strecken nackt und in einer solchen Intensität, dass die Zuschauenden einerseits gebannt dem Geschehen folgen, andererseits von den im Spiel vorgeführten sadomasochistischen Praktiken abgestoßen sind. Auch hier ist die Spielweise, sind die Figurenhaltungen konsequent. Inszenierungs- und Rollenkonzept entsprechen einander. Vermutlich daraus entsteht die Faszination für das Publikum, die Nachfrage jedenfalls hält die dritte Spielzeit unvermindert an. Die Inszenierung zeigt auf außergewöhnliche Weise, wie ein Text auf der Bühne so erzählt werden kann, dass das Verhältnis des Inszenierenden zum Text deutlich wird. Dass deutlich wird, was einen Menschen an genau diesem Text interessiert. Es stellt sich keine Beliebigkeit ein, die Inszenierung greift einen an, sie zwingt hinzuschauen und hinzuhören, sie prägt sich ein. Auch deshalb, weil sie den Text eben nicht illustriert, sondern eine Interpretation anbietet und damit die spezifischen Möglichkeiten von Theater ausschöpft. Dabei bleibt die Interpretation der Inszenierung durchaus plausibel: Warum sollte der Handlungsort des Stückes, das Schlafzimmer der gnädigen Frau, von Jean Genet zufällig gewählt worden sein? Nur weil sich dort gemeinhin die Frisiertoilette und der Kleiderschrank einer gnädigen Frau befinden? Ist es abwegig, das Schlafzimmer im Stück als symbolischen Ort zu lesen, der für das Intimste eines Menschen steht, tunlichst geschützt vor Öffentlichkeit und gleichzeitig der Sucht nach Enthüllungen ausgesetzt? Als einen

Ort, der alle Schattierungen von Erotik, Liebe und Sexualität assoziiert, von Leidenschaft bis zu Hörigkeit oder Zwang? Der Abhängigkeiten der anderen Art repräsentiert? So gefragt erscheint dann das Bühnenbild der Inszenierung zum Beispiel keineswegs willkürlich. Pierre Walter Politz hat mit seiner Bühnenbildnerin eine Szenerie gefunden, die seine kompromisslose Sicht auf das Stück genauso kompromisslos versinnbildlicht.

Vergleichbares in der Herangehensweise an eine Inszenierung herzustellen, ohne Gleiches im Ergebnis anzustreben, also Berufstheater nachzueifern, ist auch beim Spiel mit Kindern und Jugendlichen möglich.

Auch hier sollte ein gewähltes Stück daraufhin befragt werden, was einen daran reizt, es anderen Menschen vorzuspielen. Theater wird interessant, wenn es nicht die Illustration, die Verbildlichung des Textes liefert, sondern – wie beim Beispiel *Die Zofen* – sehr eigene Deutungen und Sichtweisen bietet. Voraussetzung dafür ist, dass zur Sprache kommt, was ein Text in einem auslöst, welche Seiten er in einem zum Klingen bringt.

Bei der Vorbereitung der Aufführung *Vom Mond gefallen?*, einer szenischen Collage nach Texten von Daniil Charms, mit einer Schülertheatergruppe, kollidierte die Absurdität Charms'scher Texte mit den Bildern, die einem unwillkürlich vor Augen treten, wenn von Russland die Rede ist. Wir entwickelten daraus unsere Idee, genau diese Kollision zu inszenieren. Als Bühnenbild fungierten deshalb vier große Bilder: ›Russischer Birkenwald‹; ›Die Hütte der Babajaga‹; ›Russischer Kwasswagen‹ und ›Sibirien‹. Wichtig war, dass sie nicht als Kulisse dienten, sondern tatsächlich in der Funktion von Bildern die Intention der Inszenierung spiegeln sollten. Entsprechend erfanden wir für die Figuren Bilder russischer Menschen: Wassja mit der Ziege, Dame mit dem Hündchen (nach Anton Tschechows gleichnamiger Erzählung), Frau mit Samowar, einen Schachspieler, einen Wodkatrinker usw. Beim Minidrama *Streit* (DSpT, 24) waren es zwei Kriegsveteranen, erkennbar an der ordengeschmückten Brust, die Balaleika spielten und ihre Suppe aus alten Kochgeschirren löffelten.

Kostüm

Damit bei der Inszenierung *Vom Mond gefallen?* auch die Figuren den Eindruck von Bildern vermittelten, entsprachen die Kostüme ebenfalls dem, was man mit russischer Kleidung assoziiert: russische Hemden, Kopftücher, Pelzmützen.

An dem Beispiel ist ablesbar, welche Bedeutung der Wahl der Kostüme bei der Ausstattung einer Inszenierung zukommt. Kostüme können die Figuren in ihrer Individualität und der Zuordnung zu einer sozialen Schicht charakterisieren. Kostüme können auch die Zeit widerspiegeln, in der das jeweilige Stück spielt. Insofern besteht die Möglichkeit, über die Kostüme die erzählte Geschichte zu unterstreichen, indem man den Vorgaben entspricht, die dem Text eingeschrieben sind: Wie sieht ein Arzt am Anfang des 19. Jahrhunderts aus? Wie ein Tambourmajor? Oder man liefert über die Kostüme Indizien für Lesarten oder Verallgemeinerbares, indem diese Vorgaben bewusst umgangen werden. In einer Inszenierung von Bertolt Brechts *Mutter Courage und ihre Kinder* am Karl-Marx-Städter (heute wieder Chemnitzer) Schauspielhaus ließ der Regisseur Siegfried Hoechst die Militärs des Stückes nicht in originalgetreuer Kleidung des Dreißigjährigen Krieges spielen, sondern in tarnfarbenen Kombinationen und schwarzem Koppelzeug als Grundkostüm, ergänzt durch entsprechende historische Accessoires. Es gelang ihm damit, bei den Zuschauenden Krieg als allgemeines, zu *allen* Zeiten menschliche Tragödien heraufbeschwörendes Phänomen ins Bewusstsein zu rufen.

Als ich mit Kindern eine Aufführung von Friedrich Karl Waechters Stück *Der Teufel mit den drei goldenen Haaren* (Auszug in: TSpK, 11–22) vorbereitete, erzählten wir das Märchen nach unserer Lesart, gemäß den Medienerfahrungen der beteiligten Kinder, als eine den Storys moderner Actionfilme ähnelnde ›Heldengeschichte‹. Als Held trug unser Knecht deshalb eine schwarze Lederjacke und Bösewicht Luzifer ein Stirnband, an dem »die drei goldenen Haare« befestigt waren, und natürlich eine dunkle Sonnenbrille (↗ Abb. 10 und 11).

10 »Der Teufel mit den drei goldenen Haaren«: Der Knecht (links) überbringt der Königin den Brief des Königs – Inszenierung mit Kindern des Ferienlagers Crispendorf, 1990 (Foto privat)

Im Prinzip werden die Vorstellungen zu den Kostümen mit Hilfe von Figurinen entwickelt. Sie enthalten Hinweise zu Schnitt, Farbe und Material des Kostüms. Im Theater werden sie von der Kostümbildnerin oder dem Kostümbildner sehr sorgfältig angefertigt, weil die Kostüme anhand dieser Figurinen von der Gewandmeisterin oder dem Gewandmeister und ihren/seinen Mitarbeiterinnen und Mitarbeitern geschneidert werden.

Dass Kostüme beim darstellenden Spiel in Schule und Freizeit extra angefertigt werden, ist eher selten, es sei denn, man kann auf die an manchen Schulen mögliche Integration des Faches Hauswirtschaft in das Theaterprojekt zurückgreifen oder auf schneidernde Mütter und Großmütter der Mitglieder der Theatergruppe zählen.

In der Regel findet eine Kostümprobe statt, zu der entweder auf der Grundlage von Figurinen oder von mündlichen Beschreibungen infrage kommende Kleidung vorgeführt und ausgewählt wird. Für einen (Video-) Film nach einer Erzählung von Wolfgang Borchert von Studentinnen und Studenten mit dem Titel *Stimmen* zum Beispiel entwarf eine Studentin Figurinen (↗ Abb. 12–15), weil tags zuvor die Diskussion über das Aussehen der Figuren zu keinem Ergebnis geführt hatte. Ihre Entwürfe lösten dann eine zielgerichtete Suche in alten Kleiderbeständen von Bekannten und Verwandten aus (vgl. Abb. 17 und 19).

11 »Der Teufel mit den drei goldenen Haaren«: Des Teufels Großmutter entlockt Luzifer (vorn) die Geheimnisse des abgestorbenen Baumes, des versiegelten Brunnens und des ewigen Fährmanns – Inszenierung mit Kindern des Ferienlagers Crispendorf, 1990 (Foto privat)

alter Mann

Hut

Haare grau/weiß ?

Tuch

Mantel (Claas)

Anzughose

Halbschuhe
(Budapester o.a)

12–15 Figurinen von Julia Rink zu dem Videofilm »Stimmen«: Alter Mann, Junger Mann, Die Alte, Junges Mädchen – eine Produktion von Studentinnen und Studenten eines Literaturdidaktikseminars, Universität Leipzig, WS 1993/94 – der den Figuren zugeordnete farbliche Grundton wird jeweils durch eine Farbleiste (li. unten) bzw. beidseitig [Abb. 13 und 15] unterstrichen

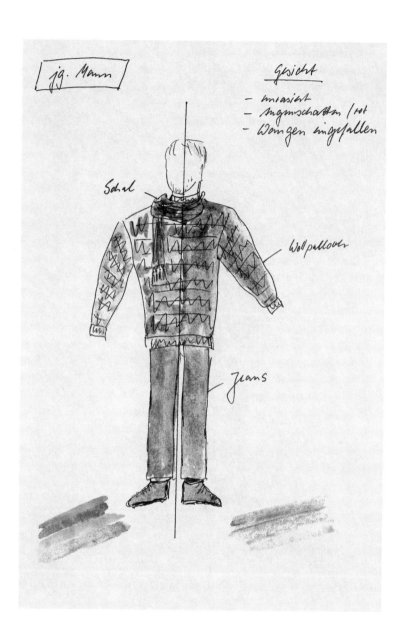

jg. Mann

Gesicht
- unrasiert
- Augenschatten / rot
- Wangen eingefallen

Schal

Wollpullover

Jeans

die Alte

Gesicht

- Brille ?
- rote Nase
- graue Haare ?

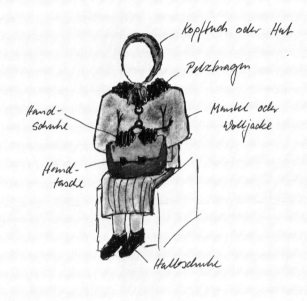

Kopftuch oder Hut

Pelzkragen

Mantel oder
Wolljacke

Hand-
schuhe

Hand-
tasche

Halbschuhe

jg. Mädchen

Gesicht
- kräftigere Farben
- Bordeaux
- Auge betont ?

offene Haare

Tuch

Winterjacke

rel. kurzer,
weiter Rock

Stiefeletten

16–19 Standfotos aus dem Videofilm »Stimmen« (↗ S. 91) – Darsteller: Claas Kazzer (Alter Mann), Anke Vogt (Alte Frau), Anke Nothnagel (Junges Mädchen), Volkhard Hanns (Junger Mann)

Maske

In dem Film *Stimmen* mussten eine Studentin eine alte Frau und ein Student einen alten Mann spielen (↗ Abb. 17). Damit bei den Zuschauern wirklich der Eindruck alter Menschen entsteht, besteht über das präzise Spiel der Darsteller und die passende Kleidung hinaus die Möglichkeit, durch eine ›Schmink-Maske‹[31] bestimmte Merkmale zu betonen. Die Farbe des Haares wird verändert, es können Runzeln aufgetragen werden, und das Gesicht wird so geschminkt, dass es schmaler, eingefallener wirkt.

Wenn eine bestimmte Deutung gezeigt werden soll, kann das Gesicht auch so geschminkt werden, dass es wie eine Maske wirkt, die das Gesicht der Schauspielerin bzw. des Schauspielers verbirgt. In der Inszenierung von Georg Büchners *Leonce und Lena* schminkten wir die Gesichter der Angehörigen der beiden Königshöfe in Abstufungen weiß mit Schatten unter den Augen, um die Leblosigkeit der Figuren zu betonen.

Natürlich können je nach Aussageabsicht auch Halb-, Gesichts-, Ganzkopf- und Aufsatz-Masken[32] verwendet werden. Manchmal ist deren

20 »Das Gespenst von Canterville«:
Gespenst (Ganzkopfmaske)

Einsatz im Stück schon vorgeschrieben, wie die Masken, die Valerio in
Georg Büchners *Leonce und Lena* nacheinander abnimmt, als er sich dem
König vorstellen soll. Manchmal entdeckt man sie als gute Gestaltungs-
möglichkeit. In einer Schülertheaterinszenierung nach Oscar Wildes Erzählung *Das Gespenst von Canterville* trug die Darstellerin des spuken-
den Gespenstes die Maske eines skurril aussehenden alten Mannes
(↗ Abb. 20). Es entstand damit einerseits der Eindruck, dass das Gespenst
tatsächlich schon sehr lange keine Ruhe findet. Andererseits provozierte
diese Maske ein leichtes Gruselgefühl beim Publikum.

Zu beachten ist bei der Verwendung von Masken, dass sich die Spielweise der Darsteller deren Wirkung anpassen muss, Bewegungen etwa
müssen größer oder kleiner werden.

Bühnenbild

Wie das Bühnenbild eine Inszenierungsidee mit zu tragen vermag, ist
schon angedeutet worden (↗ S. 71 f). Am Theater entwirft eine Bühnenbildnerin oder ein Bühnenbildner dafür ein den Maßen der vorhandenen

Bühne entsprechendes maßstabgetreues Modell, dass dann in gemeinsamer Arbeit von Theaterwerkstatt, Malsaal und Dekorationsabteilung realisiert wird.

Für ein Theaterprojekt oder im Fach Darstellendes Spiel, wo die einzelnen Tätigkeiten an einem Theater einsichtig werden sollen, oder im Literaturunterricht, wo das Bauen von Bühnenbildmodellen als produktionsorientiertes Verfahren bei der Aneignung von Dramatik verwendet werden kann, besteht die Möglichkeit der Anfertigung solcher Modelle. In Schülertheatergruppen reicht in der Regel eine Skizze mit den Aufmaßen der Bühnengegebenheiten. Danach wird in Abhängigkeit dessen, was entstehen soll, gebaut, gemalt und dekoriert.

Für eine Inszenierung von *Goethe im Examen* von Egon Friedell und Alfred Polgar (DSpT, 92–100) fertigten die Jugendlichen ein Gerüst aus Holzlatten, die von einem Baustoffhandel als Abfall kostenlos zur Verfügung gestellt wurden. Der Aufbau wurde mit Vorhängen vervollständigt. Auf diese einfache Weise hatten wir unsere Bühnenbildidee realisiert: Wir zeigten das Zimmer von Züst als Spielort des 1. Bildes und konnten ohne Umbau zum 2. Bild überleiten, indem wir einen als Zimmerrückwand fungierenden Vorhang öffneten – zum Vorschein kam die Prüfungskommission, erhöht sitzend und nur vom Kopf bis zur Hüfte sichtbar. Es entstand der von uns intendierte Eindruck einer Puppenbühne, der noch dadurch unterstrichen wurde, dass die Kommissionsmitglieder Puppenbeine hatten. Die Prüfung wird also im Bühnenbild schon als das entlarvt, was sie ist: schlechtes Theater.

In den Überlegungen zu geeigneten Bühnenbildlösungen beim darstellenden Spiel in der Schule oder im Freizeitbereich sollten immer auch die räumlichen Gegebenheiten der zur Verfügung stehenden Spielstätte berücksichtigt werden. Nicht jede Schule hat eine Aula mit einer Bühne, und nicht jede Theatergruppe kann *Das Gespenst von Canterville* von Oscar Wilde in einem Schloss proben und aufführen[33].

Man sollte mit dem Vorgefundenen nicht hadern, sondern aus den vorhandenen Möglichkeiten schöpfen und überlegen, ob sich interessante Auf- bzw. Abtrittsvarianten ergeben, ob sich nicht der Schulhof als Kulisse für Sommertheater eignet oder ob die Beengtheit eines Raumes (Keller, Speise- bzw. Aufenthaltsraum) der Inszenierung bestimmter Stücke nicht eher entgegenkommt. Wichtig ist auch, beim Entwerfen eines Bühnenbildes darauf zu achten, dass nichts auf der Bühne Verwendung findet, was nicht durch das Spiel eine Funktion erhält. Sparsame Bühnenbilder lassen den Blick frei für Details, zwingen zur genauen Zeichnung eines Spielortes, seines Charakters, seiner Atmosphäre. Oft reicht die Verwendung von Zeichen, also von Dingen, die für etwas stehen: ein Schaukelpferd für ein

Kinderzimmer oder, wie in der Inszenierung von Georg Büchners *Leonce und Lena*, Fahnen mit der Darstellung eines Pos und einer Toilette für die Königreiche Popo und Pipi.

Viel Aufmerksamkeit sollte der Praktikabilität des Bühnenbildes gewidmet werden. Lange Umbaupausen zerstören den Spielrhythmus, erst recht bei vergleichsweise kurzen Szenen, zerfasern die zu erzählende Geschichte und lassen unter Umständen sogar Langeweile beim Publikum aufkommen. Bei mehreren verschiedenen Handlungsorten sollte in jedem Fall geprüft werden, ob sie nicht parallel gebaut und dann jeweils durch Licht herausgehoben werden können.

Licht

Zunächst ist Licht grundsätzlich dafür da, dass die Szenerie gut ausgeleuchtet ist und Schauspielerinnen und Schauspieler gut zu sehen sind. Darüber hinaus können mit Licht Handlungsorte markiert und herausgehoben sowie bestimmte Stimmungen erzeugt werden.

Wenn in der schon erwähnten Aufführung von *Das Gespenst von Canterville* das Gespenst, von Nebel umgeben, erschien, um im Schloss zu spuken, begann zum Beispiel das Licht immer zu flackern. In einer Inszenierung von William Shakespeares *Der Sommernachtstraum* wurde versucht, das Phantastische des Auftritts von Oberon und Titania ebenfalls durch Nebelschwaden und verschiedenfarbige Lampen einer Lichtorgel zu unterstreichen. Neben Farbfiltern können natürlich auch verschiedene Arten von Lampen eingesetzt werden, um unterschiedliche Stimmungen zu erzeugen. Erinnert sei hier nur an das charakteristische Licht einer Neonröhre. Auch ob es schlagartig oder allmählich hell oder dunkel wird, trägt zu einer Stimmung bei. Zu beachten ist, dass durch die Beleuchtung keine unliebsamen bzw. nicht beabsichtigten Schatten auf der Bühne entstehen.

Ton

Stimmung oder Atmosphäre einer Szene kann auch entscheidend vom Ton geprägt sein. In erster Linie spielt dabei natürlich *Musik* eine große Rolle.

Insbesondere für Jugendliche ist Musik ein wesentlicher Bestandteil von Lebenskultur. Über Musik werden Lebensstile und Gruppenzugehörigkeiten definiert. Wenn man mit Jugendlichen Theater spielt, kann man sich auf deren Kenntnis der Musikszene verlassen; man sollte sogar bewusst die von Jugendlichen im Alltag gebrauchte Möglichkeit, durch

Musik ein bestimmtes Lebensgefühl zu artikulieren, als Ausdrucksmittel einbeziehen. Über die Musik können sich Jugendliche in den zu spielenden Text einbringen, ihr Verhältnis zu ihm klären und Deutungen vermitteln. In Büchners *Leonce und Lena* schwärmt Prinz Leonce auf merkwürdige Weise für Tod, Verfall und sterbende Liebe. Seine eigenwillige Ästhetisierung dieser Phänomene fand in unserer Inszenierung eine musikalische Entsprechung in einem Song der Gruppe »Deine Lakaien«: *Love me, love me to the end ...* In der Inszenierung von *Das Gespenst von Canterville* wird Oscar Wildes bissige Beschreibung des Aufeinandertreffens zweier Kulturen zugespitzt, indem der Abstand zwischen beiden vergrößert wird. Die Familie Otis ist hier eine amerikanische Familie des ausgehenden 20. Jahrhunderts. Die Zwillinge Bob und Ben sorgen für die Musik beim Trauermarsch anlässlich der Beerdigung des endlich zur Ruhe gekommenen Sir Simon. Die Musik kommt aus einem Recorder, den einer der beiden auf der Schulter trägt, und ist unverkennbar dem Techno zuzuordnen.[34]

Musik kann also ebenso wie die anderen Bestandteile von Theater das Geschehen auf der Bühne illustrieren, kommentieren oder karikieren.

Auch *Geräusche* gehören zum Ton. Ein Flugzeug oder ein Auto, das Bremsen quietschend zum Halten kommt, auf die Bühne zu bringen, ist durch die Verwendung entsprechender Geräusche kein Problem. In der erwähnten Inszenierung von *Das Gespenst von Canterville* bauen Bob und Ben kein Gespenst aus Bettlaken und einem ausgehöhlten Kürbis wie in der Erzählung, sondern erschrecken Sir Simon mit Geräuschen aus modernen Horrorfilmen. Gegen deren furchteinflößende Wirkung ist dessen Kettenrasseln tatsächlich nur armseliger Spuk.

Natürlich besteht die Möglichkeit, die Geräusche, die man benötigt, selbst herzustellen und aufzunehmen. Die praktischere Variante ist die Anschaffung von Geräusche-CDs. Mit *Soundeffects for movies and videos* (Digimode Ltd 1995) steht eine preiswerte Sammlung von 700 Geräuschen zur Verfügung, die in Qualität und Vielfalt kaum Wünsche offen lässt.

Programmheft/Plakat

Jeder weiß, dass man im Theater in der Regel ein Programmheft erhalten kann, in dem nachzulesen ist, wer welche Rollen spielt, welche Idee hinter der Inszenierung steckt und welches biografische, literatur- und/oder theaterwissenschaftliche oder auch rezeptions- und/oder wirkungsgeschichtliche Hintergrundmaterial zum Stück von Interesse ist.

Das Programmheft der Schülertheateraufführung von *Goethe im Examen* enthält zum Beispiel Biografisches zu Johann Wolfgang von Goethe;

Vom Mond gefallen?

Collage nach Daniil Charms

DANIIL IVANOVIČ CHARMS
(eigtl. Juvačev)
* 17.12. 1905 Petersburg, † 2.2. 1942 Leningrad oder No-
vosibirsk; Sohn eines Hofrates, die Mutter entstammt
einer Adelsfamilie, leitete ein Asyl für ehemalige weibliche
Strafgefangene, ab 1915 Besuch der dt. Petrischule,
1922 Wechsel an das ehemalige Mariengymnasium in Carskoe
Celo, 1924 Abitur, danach Studium, zuerst am Elektrotechni-
kum, 1926 an Institut für Kunstgeschichte, Fach Film
[nicht beendet], ab 1925 Lesungen eigener und fremder
Gedichte, 1926 Aufnahme in den Dichterverband, Mitglied
der avantgardistischen Künstlergruppe »Oberiu«, Dezem-
ber 1931 Verhaftung wegen »Organisation und Beteiligung
an einer illegalen antisowjetischen Vereinigung von Litera-
ten«, Verurteilung zu 3 Jahren Lager, Verbannungsort:
Kursk, darf November 1932 nach Leningrad zurückkehren,
eingeschränkte Veröffentlichungsmöglichkeiten, v.a. Texte
für Kinder in den Zeitschriften »Ež« [Der Igel, 1928/30]
und » Čiž « [Der Zeisig, ab 1930], entbehrungsreiches Leben,
ab 1937 häufiger Eintrag im Tagebuch ›'Wir hungern«, August 1941 2. Verhaftung, Tod während der Haft, 1956 re-
habilitiert, russ. Lyriker, Dramatiker, Prosaautor, Essayist.

MISSGLÜCKTE VORSTELLUNG

Auf die Bühne kommt Petrakov-Gorbunov, will etwas sagen, bekommt aber den Schluckauf. Es würgt ihm, er fängt an, sich zu
übergeben. Er geht ab.

Auftritt Pritykin.
PRITYKIN Der sehr verehrte Petrakov-Gorbunov hat sich...
     Er übergibt sich, auch er läuft hinaus.
Auftritt Makarov.
MAKAROV Egor... Makarov übergibt sich. Er läuft hinaus.
Auftritt Serpuchov.
SERPUCHOV Um nicht zu... Er übergibt sich, läuft hinaus.
Auftritt Kurova.
KUROVA Ich möchte... Sie übergibt sich, läuft hinaus.
Ein kleines Mädchen kommt auf die Bühne.
DAS KLEINE MÄDCHEN Papa hat mich gebeten, Ihnen allen
     auszurichten, das Theater wird geschlossen. Uns wird allen übel!

Vorhang.

DRAMATIS PERSONAE

DAS MÄDCHEN, DAS EINE GESCHICHTE SCHREIBT ÜBER EINE ALTE, DIE TINTE KAUFEN WOLLTE	*Evelyn Rothe*
DER SCHACHSPIELER	*Stefan Müller*
DIE FRAU MIT SAMOWAR	*Anke Myszik*
DIE FRAU MIT DEM BUCH, DER WÜNSCHE	*Susanne Kirchner/Steffen ...*
DIE VERKÄUFERIN VON KWASS	*Anja Strunk*
DIE BALALAIKA - SPIELER	*Hans-Luise Löffler/Christine Dallow*
DER WODKATRINKER	*Christian Rothe*
DER DOKTOR	*Thomas Lehrmacher*
DER VERBANNTE	*Ernst Kadel (CeDe)*
DIE DAME MIT DEM HÜNDCHEN	*Susanne Lauer*
DER MANN MIT DER ZIEGE	*Melanie D. [...]*

Aus »Gegenstände und Figuren,
     entdeckt von Daniil Ivanovič Charms«

8. August 1927
Petersburg

1. Die Bedeutung jedes Gegenstandes ist vielfältig. Schaffen wir alle
Bedeutungen außer eins ab, so machen wir allein dadurch den
gegebenen Gegenstand unmöglich.
Schaffen wir auch diese letzte Bedeutung ab, so schaffen wir die
Existenz des Gegenstandes selbst ab.

2. Jeder Gegenstand (entlos und ohne Menschen geschaffen) hat vier FUNKTIO-
NALE Bedeutungen und eine FÜNFTE WESENTLICHE Bedeutung.
Die ersten vier sind : 1) die darstellbare (geometrische) Bedeutung,
2) die zielgesetzte, zweckbestimmte (utilitäre) Bedeutung, 3) die Bedeutung des ästhetischen Wirkung auf den Menschen, 4) die Bedeutung
der emotionalen Bedeutung auf den Menschen. Die fünfte Bedeutung
definiert sich durch das Faktum des Existenz des Gegenstandes selbst.
Sie steht zwischen der Verhältnisses zwischen Gegenstand und Mensch
und dient nur dem Gegenstand selbst. Die fünfte Bedeutung ist –
der freie Wille des Gegenstandes.

3. Der Moment, das mit dem Gegenstand in ein Verhältnis tritt,
erfordert dessen vier funktionale Bedeutungen ...

Aus: »Über die Zeit, über den Raum, über die Existenz«

1. Eine Welt, die nicht da ist, kann nicht existent genannt
werden, weil sie nicht da ist.

2. Eine Welt, die aus einem Eins, Gleichen und Unendlichen besteht, kann nicht existent genannt werden, weil es, wenn es einen
solchen Welt, keine Teile gibt, und wenn es keine Teile gibt,
gibt es auch kein Ganzes.

3. Eine existierende Welt muß uneinheitlich sein und Teile haben.

Quelle : Charms, Daniil Ivanovič : Alle Fälle : das unvollständige
     Gesamtwerk in zeitlicher Folge, hrsg. u. übers.
     von Peter Urban. Zürich : Haffmans, 1995

EINE PRODUKTION DES THEATERJUGENDKLUBS DER LANDESBÜHNE SACHSEN-ANHALT LUTHERSTADT EISLEBEN	

INSPIZIENZ	
BÜHNENBILDER RUSSLAND	
KOSTÜME	
REQUISITE	
TECHNIK	
TON	
LICHT	
REGIE	

21–22 Kombination von Theaterplakat und Programmheft zu der Inszenierung:
»Vom Mond gefallen?« nach Texten von Daniil Charms – eine Produktion des
Theaterjugendklubs der Landesbühne Sachsen-Anhalt, Lutherstadt Eisleben,
Gestaltung Markus Laube

Aussagen zur Freundschaft zwischen Goethe und Schiller und zum Verhältnis Goethes zu Frauen; Auszüge aus Briefen Goethes an Charlotte von Stein; Erklärungen zu den Werken Goethes, die im Stück erwähnt werden; geschichtliche Ereignisse zu Goethes Lebenszeit; Zeitgenossen von Goethe; Aussagen zu Goethe als Forscher und Genießer sowie eine Vorstellung der Theatergruppe, die das Stück spielt. Natürlich fehlt nicht der obligatorische Zettel über Besetzung, Regie usw.

In einem Theater ist für die Erarbeitung eines Programmheftes die Dramaturgie zuständig. Für eine Schüleraufführung bietet sich an, dass alle an der Inszenierung Beteiligten einen Beitrag liefern, der ihr persönliches Verhältnis zum Stück, zum Autor, zur Figur, die man spielt, zum Thema des Stückes, zur Inszenierung, zum Arbeitsprozess usw. ausdrückt.

Natürlich wird eine Aufführung auch beworben. Die geläufigste Variante dafür ist die Sichtwerbung durch ein entsprechendes Theaterplakat. Es muss so gestaltet sein, dass es einerseits anregt, sich das jeweilige Stück anzuschauen. Andererseits muss es Hinweise auf den Inhalt eines Stückes enthalten oder auch das Konzept einer Inszenierung widerspiegeln. Das Theaterplakat einer Schülertheatergruppe wird darüber hinaus, in Abhängigkeit von der Anzahl der geplanten Vorstellungen, Angaben über Datum, Ort und Zeit der Aufführungen enthalten können.

Auf die Kombination von Programmheft und Theaterplakat als äußerst praktikable Gestaltungsidee sei abschließend verwiesen. Dazu kopiert man den Inhalt des Programmheftes auf die Rückseite des Plakates, das zusammengefaltet dann ein Programmheft ergibt. Das Plakat muss so gestaltet sein, dass einzelne Motive auch selbstständig wirken (↗ Abb. 21 und 22).[35]

Darstellendes Spiel und Medien – zum Beispiel Literaturverfilmung

Die Variante spielerische Annäherung

Die dem Gegenstand des vorliegenden Buches am ehesten entsprechende Art des Umgangs mit dem Verhältnis von darstellendem Spiel und Medien lässt sich am Beispiel der studentischen Verfilmung des Romans *Der Prozess* von Franz Kafka beschreiben.

Die Studentinnen und Studenten waren nicht begeistert von dem Vorschlag, im Seminar den Anfang aus Kafkas Roman zu verfilmen, hatten sie doch gerade ein Semester literaturwissenschaftlicher Analyse und Interpretation dazu überstanden. Es stand ihnen frei, eine Alternative anzubieten. Die einzige Bedingung war, diesen Vorschlag mit in ihre Überlegungen einzubeziehen. Mein Interesse an gerade diesem Stoff begründete ich ihnen.

Mich reizte die Situation des Josef K. Der erwacht und erwartet sein Frühstück. Stattdessen steht plötzlich ein wildfremder Mensch mit eigenartigem Ansinnen im Schlafzimmer. Und die Situation löst sich nicht auf. Es ist kein Irrtum, kein Jux. Alle Erklärungsversuche schlagen fehl. Und er muss sich auch noch durch das Fenster von den Nachbarn beobachten lassen. Auch davor gibt es keinen Schutz, geschweige denn, dass von ihnen Hilfe zu erwarten wäre.

Ob sich mein Interesse übertrug, ob es an konsensfähigen eigenen Vorschlägen mangelte oder ob die Idee dämmerte, einen anderen Zugang zu Kafkas Roman finden zu können – genau ist es nicht zu sagen. Wir begannen jedenfalls mit der Verfilmung der beschriebenen Situation.

Das Unterfangen war schwierig, ging es doch nicht um filmische ›Übersetzung‹ der in der Literaturwissenschaft erarbeiteten Interpretationen. Um diese wieder aufzubrechen, entschloss ich mich, über Probieren eine Annäherung an den Text zu erreichen. Aus der Beschreibung des Probierten sollten die Entdeckungen, Überraschungen, Irritationen der Studentinnen und Studenten ausgewählt werden, mit denen sie ihre ganz persönliche Geschichte des Films erzählen sollten.

Die Grundidee einer spielerischen Annäherung an Kafka blieb als Einstiegssequenz für den Film übrig. Er beginnt damit, dass die Kamera sich über verschiedene Bilder hinweg auf ein an der Wand hängendes Bild von Franz Kafka zubewegt. Erst dann fällt der (Kamera-)Blick auf den schlafenden Josef K. Das Bild Kafkas kehrt in den Einstellungen des Zimmers von K. in wechselnden Positionen ständig wieder.

›Spielerische Annäherung‹ hieß konkret, zunächst über verschiedene Spiele zu versuchen, K.s Ausgeliefertsein spürbar nachzuvollziehen. Etwa mit dem Spiel, in dem alle Beteiligten nacheinander mit geschlossenen Augen durch den Kreis geschickt werden, der von den anderen gebildet wird (↗ S. 16). Umherirren, sich tastend fortbewegen, Anonymität derer, die einen in Empfang nehmen und weiterschicken, Suche nach Sicherheit, Vertrauen – vage, sich in Körperhaltungen ausdrückende Befindlichkeiten der Studentinnen und Studenten in Assoziation zum Text. Durch Zufall wurde dieses Gefühl nahezu ›unheimlich‹ verstärkt, als auf der Straße plötzlich Sirenen zu hören waren, während eine Studentin sich gerade durch den Kreis tastete.

Die Anregungen für Improvisationsaufgaben entnahm ich den Assoziationen, die die Studentinnen und Studenten zum Text notiert hatten. Eine Episode tauchte in den Notizen wiederholt auf:

»Er warf sich auf sein Bett und nahm vom Waschtisch einen schönen Apfel, den er sich gestern abend für das Frühstück vorbereitet hatte. Jetzt war er sein einziges Frühstück und jedenfalls, wie er sich beim ersten großen Bissen versicherte, viel besser, als das Frühstück aus dem schmutzigen Nachtcafé gewesen wäre, das er durch die Gnade der Wächter hätte bekommen können.«

(Franz Kafka: Der Prozess. Leipzig: Reclam 1987, S. 11)

Ich nahm den Apfel also als Spielanlass für eine Improvisation mit einem Gegenstand, legte ihn auf einen Stuhl und gab als Aufgabe aus, den Apfel spielerisch in eine Situation einzubinden:

Der Apfel wurde etwa gestohlen, noch grün gegessen, verursachte Magenschmerzen … Eine Studentin allerdings begann die Frucht nicht im erwartbaren Rahmen zu verwenden. Sie bohrte Löcher hinein und holte die Kerne heraus, die sie sich genüsslich auf den Handteller legte und wegschnipste.

In der nachfolgenden Besprechung der Spielangebote entstand die Idee, gerade diesen von der Studentin entwickelten Vorgang als den für K.s innere Befindlichkeit adäquaten Umgang mit dem Apfel für den Film zu nutzen. Josef K. versucht, mit dem Essen des Apfels für sich Normalität zu erzwingen. Nach den ersten Bissen verraten seine Finger allerdings seine hochgradige Verunsicherung.

Auf diese Weise entstanden auch andere Teile des Films, der sich eher unmerklich zu der Geschichte formte, die die Studentinnen und Studenten schließlich erzählen wollten.

Die Besetzung der Figuren wurde nicht am Tisch entschieden, sondern es wurde im permanenten Rollentausch probiert, wer den Vorstellungen am ehesten entsprach. Die Entdeckungen waren vielfach, etwa die Einsicht, jedem kann es passieren, so oder so, Opfer oder Täter (oder Zuschauer, was im Film ausgespart blieb). Durch den Rollentausch entstand ein eigenartiger Rhythmus des Geschehens, provoziert durch die unterschiedlichen Typen der Spieler und die Unterbrechung des Spielflusses. Dieser Rhythmus ließ glaubhaft zeigen, wie der anfängliche, von der Überzeugung getragene Protest, dass alles nur ein Irrtum ist, nach und nach ins Leere läuft und in die Anerkennung der Situation mündet: » – er wusste selbst nicht, in welchem Sinne er es sagte –: ›Es ist doch noch nicht die Hauptverhandlung.‹« (Ebd., S. 12)

Wir behielten bei, dass Josef K. im Film von drei Studenten gespielt wurde und ein Student darüber hinaus im Rollentausch einen Wächter spielte.

Die Improvisationen erhellten auch Wirkungen von Kommunikation. Je mehr der Wächter in der einen Variante erklärte, desto schwächer wirkte seine Position. Indem in einer anderen Variante der Wächter lediglich bemerkte: »Ich muss Ihnen das nicht erklären!«, bot er für Josef K. wenig Angriffsfläche. Der Spieler des Josef K. verlor sich notwendigerweise in stereotypen Wendungen: »Wo ist Frau Grubach? Ich will mein Frühstück!« usw. Der Film versucht, das zu erhalten. Es wird viel weniger gesprochen, als der Text vorgibt. Die Wächter stehen herum. Die Wächter sitzen herum. Die Wächter frühstücken. Sind sie jedoch gezwungen, etwas zu sagen, dann kurz und prägnant, sogar vorlesend. Wie die Polizisten in Hollywoodfilmen, die ein Kärtchen ziehen und den Verhafteten über seine Rechte aufklären.

Für die Spielweise des Josef K. verbanden sich zwei Dinge. Zunächst war in den Assoziationen der Studentinnen und Studenten und unseren Gesprächen immer wieder von Fremdem, Fremdsein, befremdet sein usw. die Rede. Es ist aber etwas anderes, über etwas zu sprechen und möglicherweise als Lesart zu formulieren, als diese Lesart zu zeigen. Auch hier half uns bzw. den Darstellern des Josef K. die Improvisation.

Josef K. wird durch Weckerklingeln geweckt. Wir verwendeten den am Drehort, der Wohnung eines Studenten, vorhandenen Wecker. Das hieß erstens, der Wecker klingelte nicht, er piepte. Das hieß zweitens, der Spieler des Josef K. wusste nicht mit dem Wecker umzugehen und brauchte eine Weile, um ihn auszuschalten. Diese Beobachtung diente uns als Folie für die Art des Spiels von K. Wenn er, den Anweisungen entsprechend, seinen schwarzen Anzug anziehen geht, streicht er mit der Hand zunächst prüfend am Schrank entlang. Nichts ist an dem Morgen wie sonst. Warum sollte der Schrank noch derselbe sein wie gestern Abend? Es braucht Vergewisserung. Ist sein Anzug im Schrank? Ist es wirklich *sein* Anzug?

Als Josef K. sich anschickt, das Zimmer zu verlassen, schweift sein Blick nochmals umher. Das soll sein Zimmer sein? Der Rest eines Apfels und ein Kleiderbügel bleiben als Indizien zurück.

23–24 Standfotos aus dem Videofilm »Die Verhaftung« nach Franz Kafkas Roman »Der Prozess« – eine Produktion von Studentinnen und Studenten der Päd. Hochschule Leipzig, SS 1992: Steffen Haase als Josef K.

Eine Besonderheit dieser Art der Annäherung war, dass wir ohne Drehbuch gearbeitet haben. Bei allen beschriebenen Sequenzen (und darüber hinaus) war die Kamera dabei. Wir haben probiert und zugleich gefilmt. Die zweite Besonderheit betrifft die Musik. Komponiert und eingespielt hat sie ein Student, der nicht zur Filmgruppe gehörte und den Film auch nicht gesehen hatte. Das bedeutet, er hat nicht seine Eindrücke verarbeitet, sondern die Beschreibungen der Studentinnen und Studenten. Die Genauigkeit der Formulierung ihrer Vorstellungen von ihrer Filmmusik bildete also die Voraussetzung für das Gelingen.

Verallgemeinerbares methodisches Vorgehen

Natürlich ist mit Blick auf die Bedeutung, die eine Verknüpfung der traditionellen Kulturtechnik Lesen mit neuen Kulturtechniken des Mediengebrauchs heute generell hat, die eigene Literaturverfilmung eine ideale Form, Literatur und Medien praktisch erlebbar zusammenzuführen.[36] Ich füge deshalb eine mehrfach erprobte Schrittfolge für eine eigene Literaturverfilmung mittels Videotechnik an.

Wird im Rahmen eines Projekts, einer Unterrichtseinheit oder auch eines Videokurses in der Freizeit die Verfilmung eines literarischen Werkes angestrebt, gilt es zunächst, Schülerinnen und Schüler in einer einführenden Stunde mit der Intention des Vorhabens vertraut zu machen. Dabei sollte betont werden, dass ein *Spielfilm* entstehen soll. Die Schülerinnen und Schüler werden aufgefordert, einen literarischen Text auszuwählen, der sie so beschäftigt hat, dass sie eine Umsetzung in ein anderes Medium als Möglichkeit neuer Entdeckungen versuchen möchten. Sie werden angehalten, nur das als Auswahlkriterium zuzulassen und nicht von pragmatischen Erwägungen auszugehen.

In einem zweiten Schritt werden die Schülerinnen und Schüler in die Handhabung der Videokamera eingewiesen. Eine Videokamera ist inzwischen an vielen Schulen vorhanden, wo nicht, besteht die Möglichkeit, in Medienzentren oder Medienwerkstätten am Ort solche Geräte auszuleihen. Die Schülerinnen und Schüler werden danach angehalten, in der Umgebung interessante filmenswerte Motive zu entdecken, verschiedene Einstellungen und Perspektiven sowie technische Möglichkeiten der Kamera zu versuchen. Das Ansehen der Filmaufnahmen wird verknüpft mit der Diskussion um gelungene Aufnahmen, interessante Details, Fehler etc.

Sind inzwischen Vorschläge für zu verfilmende Stoffe unterbreitet worden, sollte viel Zeit und Geduld darauf verwendet werden, einen literarischen Text zu finden, mit dem sich alle in der einen oder anderen Weise ›anfreunden‹ können. Lehrende sollten lediglich das Recht aller

haben, einen Text eigener Wahl vorzuschlagen und in der Diskussion diesen Vorschlag zu begründen und zu verteidigen. Unter Unterrichtsbedingungen in der Schule muss dieser Schritt notwendig verkürzt werden.

Ist die Entscheidung für einen Text getroffen, kann man je nach Um-
fang Auszüge oder den ganzen Text vorlesen. Danach notiert jedes Mitglied der Gruppe bzw. der Klasse Assoziationen zum Text, die als Arbeits-
grundlage Verwendung finden. Diese Assoziationen bieten Anhalts-
punkte für Lesarten, geben Aufschluss über die mögliche Atmosphäre
des Films, verweisen darauf, welche Episoden bevorzugt werden, bieten
Details des Textes zur Nutzung im Film an und liefern durch ihre Bildhaf-
tigkeit schon mögliche Filmbilder mit.

Danach entwickeln die Schülerinnen und Schüler Drehbuchentwürfe
für Szenen, die ihnen als unabdingbar für den Film vorschweben. Dazu
verständigen sie sich als inhaltlicher Vorlauf auf notwendige Bestandteile
eines (unseres) Drehbuches, wobei filmische Möglichkeiten (Einstel-
lungsgrößen, Kameraperspektiven, Montage) angedeutet werden.[37]

Die Vorstellung der Drehbuchentwürfe und deren Diskussion mündet in
die Auswahl einzelner Sequenzen im Zusammenhang mit der Entwicklung
der Filmidee (›Fabel‹) und der Entscheidung, wie diese anzuordnen sind.

Spätestens jetzt besteht auch die Möglichkeit, sich mit dem Gegenstand
›filmische Adaption einer literarischen Vorlage‹ auseinander zu setzen, indem der eigene Umgang mit der Vorlage reflektiert und begründet wird.
Der Film *Stimmen* etwa beginnt nicht wie Wolfgang Borcherts Erzählung
Stimmen sind da – in der Luft – in der Nacht in einer Straßenbahn, sondern
mit Aufnahmen von Dächern einer Stadt mit Krähen am Himmel (↗ Abb.
16, S. 79), es folgt der Blick auf ein Fenster. Dann verlässt jemand das
Haus: ein alter Mann, der nicht schlafen kann; in der Straßenbahn dann
erfährt man warum. Die beiden Mädchen träumen davon, dass Männer-
hände sie zärtlich berühren (↗ Abb. 18: Überblendung). Allmählich erst
verlagert sich die Aufmerksamkeit in der Straßenbahn auf den jungen
Mann (↗ Abb. 19). Er geht am Ende des Films in die stimmenreiche Nacht
hinaus so wie am Anfang der alte Mann aus dieser Nacht gekommen war.

Der Diskussion über die Fabel schließt sich die um die Besetzung der Figuren, um Ausstattung und Drehorte an. Im Ergebnis dessen wird der
Drehplan festgelegt, und es werden Absprachen für organisatorische Vor-
arbeiten getroffen. In der Regel sind Gespräche mit den jeweils Verant-
wortlichen öffentlicher oder privater Einrichtungen mit der Bitte um
Drehgenehmigung zu führen. Schülerinnen und Schüler sollten dabei
ein Schreiben vorlegen können, das erkennen lässt, dass sie im offiziellen
Auftrag unterwegs sind.

Danach beginnt der Drehprozess. Entstehen bei den Dreharbeiten Kosten, etwa für Miete, dann empfiehlt sich, die abzudrehenden Szenen vorher mehrmals zu probieren, um die vorgegebene Zeit einhalten bzw. die Kosten gering halten zu können. (Für den Film *Stimmen* etwa musste die Sequenz in der Straßenbahn in zwei Stunden abgedreht sein; deshalb wurde der gesamte Ablauf im Seminarraum mehrere Male ›durchgespielt‹.) Ansonsten kann sofort vor Ort geprobt und gedreht werden.

Während des Drehprozesses wird eine Sitzung ›eingeschoben‹, bei der die später im Film zu verwendende Musik Gegenstand der Diskussion ist. Dieser Schritt empfiehlt sich erst dann, wenn schon einige Sequenzen abgedreht sind und sich ein Gefühl für den entstehenden Film eingestellt hat. Die Schülerinnen und Schüler werden aufgefordert, Musikvorschläge zu unterbreiten und ihren möglichen Einsatz (dramaturgische Funktion, Sequenzen) zu beschreiben und zu begründen. Dann wird entschieden, welche Musik verwendet bzw. welche gegebenenfalls selbst komponiert und eingespielt wird.

Als nächster Schritt erfolgt das Schneiden des Films. Auch hierfür stehen in der Regel Medienzentren oder -werkstätten mit den entsprechenden Geräten zur Nachbereitung eines Filmes zur Verfügung. Schülerinnen und Schüler können dort in die Arbeit am Schnittplatz eingewiesen werden. An der Schule wird man sich für das Schneiden des Films zumeist auf zwei Videorecorder beschränken müssen. Um die Sequenz, die im Film Verwendung finden soll, schnell auffinden zu können, muss dem Schneiden das Sichten und Protokollieren der abgedrehten Sequenzen vorausgehen. Bei mehrstündigem Filmmaterial verliert man sonst durch das Hin- und Herspulen der Videobänder schnell die Übersicht. Danach beginnen die Schülerinnen und Schüler den Film ihren Intentionen gemäß zu schneiden. Das schließt auch die Produktion des Vor- bzw. Abspanns ein, der mit gefilmt worden sein kann oder mittels eines speziellen Gerätes nachbereitet wird.

Den Abschluss bildet das gemeinsame Ansehen des Filmes in durchaus festlichem Rahmen. Es wird die Fertigstellung eines Produkts gefeiert, an dem gemeinsam gearbeitet wurde, aber auch kritisch das Produkt und sein Zustandekommen reflektiert.

Nach meinen Erfahrungen ist die eigene filmische Adaption literarischer Vorlagen für die am Produktionsprozess Beteiligten ein mehrschichtiges Erleben. Es schließt das Erleben des versuchten ›Nachvollzugs‹ von literarischen Vorgaben, das Erleben des Drehprozesses, das Erleben der Atmosphäre der Drehorte, das Erleben des Spielpartners vs. der Spielpartnerin, das Sich-selbst-Erleben (beim Spielen; auf dem Bildschirm) und das Erleben eigener Interpretation ein.

IV Zur Bedeutung darstellenden Spiels

Darstellendes Spiel und die psychische Ontogenese des Menschen

Spiel ist in seinen verschiedenen Ausformungen und Entwicklungsstufen »lebensnotwendig und konstitutiv für die Menschwerdung«[38]. Zu dieser Auffassung gelangt man aus der Beobachtung des Anteils, den das Spiel von Geburt an für die zunehmende Lebensbewältigung eines Menschen hat. Sei es dadurch, dass das spielende Kind bestimmte Fähigkeiten sowie Kenntnisse über die Beschaffenheit seiner Umwelt im Umgang mit Gegenständen und Materialien erwirbt (Funktionsspiel, Konstruktionsspiel); dadurch, dass es teilzuhaben versucht an der Welt der Erwachsenen, die es im Spiel nachahmt, dabei soziale Verhaltensweisen einübend (Rollenspiel), oder dadurch, dass es persönliche Eigenschaften ausbilden kann, weil es sich an bestimmte Regeln halten muss (Regelspiel).[39]

Darstellendes Spiel ist bezüglich seiner Funktion zunächst aus dieser Perspektive zu betrachten. Wenn von der Bedeutung darstellenden Spiels für die Persönlichkeitsentwicklung die Rede ist, so ist nicht in erster Linie die institutionell schulische oder fachunterrichtliche Sicht zu betonen, sondern die Funktion von darstellendem Spiel innerhalb der psychischen Ontogenese des Menschen.

Indem gezeigt werden kann, dass die Ebene der Figur sich abgrenzen lässt von der Ebene der Rolle, diese aber zugleich einschließt, ist anzunehmen, dass darstellendes Spiel eine Entwicklungsstufe des Spiels von Kindern und Jugendlichen ist, die aus dem Rollenspiel hervorgeht (bzw. hervorgehen kann). Diese auf struktureller Beschreibung basierende Annahme bedarf der Ergänzung. Will man das psychologische Wesen von darstellendem Spiel erfassen, muss danach gefragt werden, welche Funktion es innerhalb der psychischen Ontogenese im Unterschied zum Rollenspiel des Kindes hat.

»In der pädagogischen und psychologischen Literatur wird […] sowohl auf das jüngere *Vorschulalter* als auch auf das *Jugendalter als Alter des Umbruchs* verwiesen. Die Persönlichkeit wird tatsächlich zweimal geboren: das erste Mal, wenn sich beim Kind deutliche Formen einer Polymotiviertheit zeigen und die Koordiniertheit seiner Handlungen sichtbar wird […], das zweite Mal – wenn seine bewusste Persönlichkeit entsteht. Mit dem letzteren ist eine besondere Umstrukturierung des Bewusstseins gemeint.«[40]

Die ›erste Geburt‹ wird durch das Rollenspiel gestützt. Indem das Kind im Rollenspiel den Erwachsenen als Handlungsmuster aussondert,[41] eignet es sich soziale Verhaltensweisen als Tätigkeits*bedeutung* an. Bedeutungen sind zwar »wichtigste Konstituenten des menschlichen Bewusstseins«,[42] die Entwicklung des Bewusstseins kann aber nicht nur als Bedeutungsaneignung begriffen werden. Diese Entwicklung erfolgt außerdem über individuelle Sinnkonstitution, also die subjektive Bewertung dieser gesellschaftlichen Bedeutungen. Im Gegensatz zur Polymotiviertheit im Vorschulalter, also der Tatsache, dass einer Tätigkeit mehrere Motive unterliegen, kommt es im Jugendalter zur Hierarchisierung der Motive.

»Wenn man sich die früher beschriebene Bewegung in horizontaler Ebene vorstellt, so vollzieht sich diese neue Bewegung gleichsam in der vertikalen. Sie besteht in der Korrelierung der Motive zueinander: Einige nehmen eine subordinierende Stellung ein und erhöhen sich gleichsam über andere, einige dagegen sinken bis auf die Stufe der Subordinierten oder verlieren völlig ihre sinnbildende Funktion. Die Entstehung dieser Bewegung ist Ausdruck auch der Entstehung eines geschlossenen Systems von *persönlichen* Bedeutungen«.[43]

Verständlich wird dieser psychologisch beschreibbare Vorgang, wenn man sich zum Beispiel vergegenwärtigt, dass sich ein Jugendlicher aus den verschiedensten Gründen um gute schulische Leistungen bemühen kann: Es macht ihm Spaß zu lernen; er bekommt für jede sehr gute Leistung ein ›Honorar‹ von den Eltern; er hat Angst vor elterlichen Sanktionen; er mag die Lehrerin; er denkt an seine Zukunft; er will der Beste in der Klasse sein; er ringt um Anerkennung, weil er auf anderen Gebieten als ›Niete‹ bezeichnet wird, usf.

Hat ein Jugendlicher mehrere der genannten Motive, so existieren sie nicht nebeneinander, sondern haben verschiedene Wertigkeiten, die, gegeneinander verschoben, in ihrer Gültigkeit immer neu befragt und in eine Reihenfolge gebracht werden. Daraus werden persönliche Handlungsmaximen. Dieser Prozess ist vom Wesen her ein Suchen, verbunden mit dem unbedingten Drang nach eigenen, selbstständigen Entdeckungen. Er wird begleitet von Misstrauen gegen Vorgefertigtes. Die entstehenden Motivhierarchien sind noch sehr wandelbar, werden aber nach außen hin verteidigt. Sie sollen ernst genommen und respektiert werden.

Das ist eine Erklärung für Aussagen wie: Jugend sei ein schwieriges Alter, Jugend lasse sich nichts sagen, müsse ständig widersprechen und das letzte Wort haben usw. usf.

Grundlage für den Prozess der Hierarchisierung von Motiven ist die Fähigkeit zur Reflexion, die sich in der so genannten Bimodalität des bewussten Aktes zeigt. ›Bimodalität‹ bezeichnet die Widerspiegelung sowohl dessen, was zum ›Ich‹ gehört, als auch dessen, was zum ›Nicht-Ich‹ gehört.[44]

Ein für unsere Frage weiteres wesentliches Merkmal bewussten Erlebens ist dessen Bidominanz:

»[…] die dialektische Einheit von ›Ich‹ und ›Du‹ (mein anderes ›Ich‹) im Rahmen der ›fließenden Gegenwart‹ […]. Sie kennzeichnet die Realisierung der inneren Kommunikation, das heißt den Verkehr des ›Ich‹ mit sich selbst (wie mit dem ›Du‹). Im Prozess der inneren Kommunikation verwirklicht sich die wertorientierte Regulation des Inhaltes der ›fließenden Gegenwart‹, und es bilden sich die Aktivitätsvektoren des Bewusstseins heraus.«[45]

Wir können feststellen: Die Hierarchisierung der Motive erfolgt durch die innere Kommunikation eines Menschen mit sich selbst wie mit einem Anderen (Kommunikation des ›Ich‹ mit sich selbst wie mit dem ›Du‹).

Diese innerpsychische Beziehung ›Ich‹ und ›Ich als Du‹ war ursprünglich eine Beziehung zwischen einem Menschen (einem ›Ich‹) und einem real existierenden bedeutsam anderen Menschen:

»Jede höhere Form des Verhaltens tritt in ihrer Entwicklung zweimal auf – zuerst als kollektive Verhaltensform, als interpsychische Funktion, und dann als intrapsychische Funktion, als eine bestimmte Verhaltensweise. […] Jede höhere Funktion war demnach ursprünglich zwischen zwei Menschen aufgeteilt, war ein wechselseitiger psychischer Prozess. […] auch im Dialog. Ich spreche, Sie verstehen mich. Erst später beginne ich, mit mir selbst zu sprechen.«[46]

Daraus lässt sich schließen, dass der Gegenstand der inneren Kommunikation zwischen dem ›Ich‹ und dem ›Ich als Du‹ dem Gegenstand zwischenmenschlicher Kommunikation vergleichbar ist. Es geht um die Auseinandersetzung mit gegensätzlichen Auffassungen, verschiedenen Überzeugungen ebenso wie um das Abwägen verschiedener Betrachtungsweisen von Dingen, Situationen, menschlichem Verhalten etc. Im Ergebnis entsteht dann ein System persönlicher Bedeutungen.

Entscheidend für die Herausbildung dieser für die Sinnkonstituierung eines Menschen notwendigen inneren Kommunikation ist also die Begegnung mit einem bedeutsam ›Anderen‹.

Mit unserer Ausgangsfrage nach der Funktion darstellenden Spiels innerhalb der psychischen Ontogenese im Unterschied zum Rollenspiel des Kindes hat dieser Zusammenhang insofern zu tun, als darstellendes Spiel die Begegnung mit bedeutsam ›Anderen‹ zu schaffen vermag. Durch die Absicht, im darstellenden Spiel literarische Gestalten zu verkörpern, werden diese literarischen Gestalten für die Darstellerin oder den Darsteller zu bedeutsam ›Anderen‹, mit denen sie sich auseinander setzen.

Das System persönlicher Bedeutungen der Darstellerinnen und Darsteller trifft auf das Konstrukt persönlicher Bedeutungen der künstlerisch konkreten literarischen Figuren. Im darstellenden Spiel kann darüber hinaus quasi probehalber in diesem ›anderen‹ System persönlicher Bedeutungen agiert werden. Dessen Für und Wider bietet für die Darstellerin bzw. den Darsteller erlebbar Stoff und Anregung für die Ausformung des eigenen Systems.

Genau darin unterscheidet sich darstellendes Spiel hinsichtlich der Funktion vom Rollenspiel. Sich mit darstellendem Spiel zu beschäftigen, kann für jene Phase der Entwicklung von Jugendlichen bedeutsam sein, in der sie sich die Welt sinnkonstituierend aneignen. Das ist eine andere Qualität von Weltaneignung als die durch Rollenspiel realisierte. Werden hier soziale Verhaltensweisen in ihrer Bedeutung, also als allgemeines Muster angeeignet, wird im darstellenden Spiel die Auseinandersetzung um deren Sinn Gegenstand der Aneignung.

Ich halte darstellendes Spiel für das Jugendalter deshalb ebenso bedeutsam wie das Rollenspiel für das Kindesalter. Aufgrund seiner Besonderheit als Spiel von künstlerisch konkreten Figuren in künstlerisch konkreten Situationen kann darstellendes Spiel die für das Jugendalter zentralen Entwicklungsprozesse unterstützen. Das macht es den Spielformen Funktionsspiel, Konstruktionsspiel, Regelspiel und natürlich dem Rollenspiel ebenbürtig.

Nun mag mancher einwenden, dass Rollenspiel und darstellendes Spiel in ihrer Bedeutung nicht vergleichbar sind, weil sich das Rollenspiel bei Kindern spontan entwickelt, darstellendes Spiel bei Jugendlichen hingegen initiiert wird. Dazu sei zunächst gesagt, dass sich auch das Rollenspiel nicht so spontan ergibt, wie vielleicht allgemein angenommen. Ob Kinder Rollenspiel praktizieren oder nicht, ist wesentlich davon abhängig, inwieweit sie »das Tun und Lassen der Erwachsenen und die Beziehungen zwischen ihnen«[47] erfahren haben.

Beispielsweise hatte der Besuch eines Kaufhauses keinen erkennbaren Einfluss auf die Rollenspiele der Kinder; erst als in einem didaktisch gestalteten Spiel die Beziehung Verkäufer – Käufer ausgegliedert wurde, wurden »viele Varianten von Rollenspielen mit Kaufen und Verkaufen verschiedener Gegenstände«[48] gespielt.

Anders argumentiert: Ich denke, dass es im Alltag von Jugendlichen Praktiken gibt, die, den spontanen Elementen des kindlichen Rollenspiels vergleichbar, eine Tendenz zum darstellenden Spiel offenbaren. Hierzu gehören Selbstinszenierungen. Sie bergen in sich theatrale Momente, etwa ›Kostümierung‹, ›Maskierung‹, einen bestimmten Gestus in Sprache und Gebaren. Sie sind für ein ›Publikum‹ gedacht, entweder für die Öffentlichkeit zum Schauen, für das Gesehenwerden, oder für eine Gruppe, um als dazugehörend identifiziert zu werden.

Selbstinszenierungen weisen meines Erachtens auch Züge spontanen darstellenden Spiels auf, weil Jugendliche dabei mit der Schwierigkeit zu kämpfen haben, eine Balance herzustellen zwischen konkreten Jugendlichen Franz, Anna usw., der ›Uniformierung‹ durch die Aufgabe, der Rolle Jugendlicher gerecht zu werden, und dem Schaffen eines ›neuen‹ konkreten Jugendlichen Franz, Anna usw. Selbstinszenierungen müssen deshalb zwei Dinge gewährleisten: die Bewahrung von Individualität und Identität *und* (zugleich) Demonstration, Präsentation und Darstellung von Zugehörigkeit.

Alle oben aufgezählten theatralen Elemente der Selbstinszenierung scheinen diesem Transformationsprozess unterzogen zu werden. Ein Beispiel ist der Wunsch (oder die notwendige Suche) nach einem geeigneten und gleichzeitig unüblichen Gegenstand zur Aufbewahrung von Schulbüchern, Schreibmappen usw. Es entsteht zunächst der Trend zum ›Rucksack‹. Danach findet die individuelle Ausformung statt, die dem Charakter einer bewussten Stilisierung entspricht. Die Spannbreite reicht vom ursprünglich impulsgebenden City-Pack über bunte, selbst produzierte oder aus anderen Kulturen übernommene rucksackähnliche Gebilde aus unterschiedlichen Materialien bis zur Wiederentdeckung des alten Jägerrucksacks. Dieser ›Transformationsprozess‹ erinnert sehr an theatrale Ausformung im Pendeln zwischen Improvisation (Erproben, Erkunden) und Fixation (Festlegen, Vereinbaren).

Darstellendes Spiel und die Gestaltung sozialer Beziehungen

Es gibt Wirkungen des darstellenden Spiels, die zwar beschreibbar sind, deren Ursache aber noch nicht hinreichend geklärt wurde. Beispiele lassen sich in der Literatur genügend anführen. Zum Beispiel kann man über einen Vorgang bei der Arbeit an einer Inszenierung von *Die Schneekönigin* lesen:

»Gerda sang […] Kai in der ersten Szene das Rosenlied vor. Kai und Gerda saßen sich im Spiel gegenüber. Fast zufällig stimmte Gerda das Liedchen an. Kai machte es sich bequem, stützte seinen Kopf in die Hände und betrachtete erstaunt und aufmerksam die Freundin. Der Darsteller Kai hörte tatsächlich seine Partnerin das erste Mal singen. Er sagte: ›Wie hübsch du singst.‹ Die Gerda-Darstellerin errötete und schlug die Hände vors Gesicht. Unser Kai fing an zu lachen, als er ihre Verlegenheit bemerkte. Gerda stimmte in sein Lachen ein, das von den sie umgebenden Kindern aufgenommen wurde und lange anhielt.«[49]

Über die Arbeit an einer weiteren Szene heißt es später:

»Das Spiel des Räubermädchens zwang mit seinem bedingungslosen Einsatz die Gerda-Darstellerin zu unerwarteten und echten Reaktionen. Es animierte in ihr das Spontane. In dieser Szene realisierte sich ein bemerkenswertes Partnerspiel. Das gemeinsame Erleben verband die beiden Mädchen bald auch im privaten Bereich.«[50]

Diese Beobachtungen verdeutlichen ein Phänomen: Durch darstellendes Spiel werden offensichtlich zwischenmenschliche Beziehungen verändert. Das heißt, sie werden möglicherweise sogar so verändert, dass beispielsweise im Umgang nicht gerade bevorzugte Mädchen und Jungen nach der Beschäftigung mit darstellendem Spiel soziale Anerkennung in der Gruppe erfahren.

Worauf sind diese Veränderungen zurückzuführen, deren tatsächliche Existenz durch mannigfache Erfahrung derer, die mit Kindern und Jugendlichen Theater spielen, bestätigt werden?

Eine mögliche Erklärung vermag das Konstrukt ›Bezugswürdigkeit‹ zu geben. Es wird in der Psychologie zur Beschreibung einer Situation verwendet, in der ein Mensch etwas bewerten will und sich dabei an einem anderen Menschen orientiert, den er für kompetent hinsichtlich des zu Bewertenden hält. Objekte der Bewertung können sein: »Ziele und Aufgaben der gemeinsamen Tätigkeit […], […] emotionale und Konfliktsituationen, […] Teilnehmer der gemeinsamen Tätigkeit, […] objektive Schwierigkeiten in der Tätigkeit, […] persönliche Eigenschaften des Subjektes selbst«.[51]

Die Wahl einer Bezugsperson kann bewusst oder unbewusst erfolgen, und die Kommunikation mit ihr kann auch als innere Kommunikation stattfinden.[52]

Wenn zum Beispiel in einer Klasse ein Schüler eine Antwort gibt, zieht ein anderer Schüler zur Bewertung dieser Antwort die Reaktion einer Bezugsperson heran. Diese Bezugsperson muss für den Schüler bedeutsam bzw. in seinen Augen kompetent sein bezüglich des zur Beurteilung anstehenden Fakts. Geht es eigentlich um den antwortenden Schüler und dessen Durchblick innerhalb einer bestimmten Clique, wird die Bezugsperson ein anerkanntes Mitglied dieser Clique sein. Lächelt die geringschätzig oder anerkennend? Entsprechend wird die Bewertung des Schülers ausfallen, der dieses zweite Subjekt als Bewertungshilfe gesucht hat. Geht es um den Fakt der inhaltlichen Korrektheit einer Antwort, wird vermutlich der Lehrer zur gewählten Bezugsperson.

Das bedeutet für darstellendes Spiel, dass innerhalb des kommunikativen Beziehungsgeflechts von Spieler – Rollen – Figuren sowohl Spieler als auch Rolle sowie Figur entweder als Objekt beurteilt oder als Bezugsperson gewählt werden können.

Ein Spieler will zum Beispiel seine Spielpartnerin bzw. seinen Spielpartner beurteilen. Als Bewertungshilfe kann er, wie in den zitierten Beispielen, die von der Partnerin oder dem Partner darzustellende Figur heranziehen.

So wäre erklärbar, warum es während und im Ergebnis darstellenden Spielens zu Veränderungen sozialer Beziehungen unter den Spielenden kommen kann. Ist bei einem Theaterspiel eine allgemein anerkannte Figur mit einem in der Gruppe weniger anerkannten Kind/Jugendlichen besetzt, löst dies bei den anderen notwendigerweise eine Neuorientierung aus, wobei die allgemein hoch bewertete Figur als Bezugsperson fungieren kann. Es besteht die Möglichkeit einer Neubewertung des vorher weniger anerkannten Kindes oder Jugendlichen. In einer Untersuchung wurden von den beteiligten Kindern zwei Rangreihen von Bezugspersonen angefertigt, eine vor und eine nach der Einstudierung von Alfonso Sastres *Geschichte von der verlassenen Puppe*. Die Unterschiedlichkeit beider Rangreihen könnte die Theorie bestätigen.

Beispiel der beiden Rangreihen, die ein Schüler (Ronny W.) aufgestellt hat.[53] In Klammern sind die Rangplätze angeführt, die die Schülerinnen und Schüler nach der Stückeinstudierung zugewicsen bekommen haben:

1. Sven D.   (7.)
2. Alexander K. (1.)
3. Susanne G.   (2.)
4. Kirsten A.   (5.)
5. Mike B.   (8.)
6. Andreas D.   (6.)
7. Katharina N. (3.)
8. Daniel P.   (4.)

›Bezugswürdigkeit‹ bietet auch eine Erklärung dafür, warum im darstellenden Spiel durch die ›Konfrontation‹ mit einer Figur eigene Deutungsmuster und übernommene Rollenvorstellungen ›durcheinander gewirbelt‹ werden können. Dies geschieht dann, wenn eine Spielerin bzw. ein Spieler über die darzustellende konkrete künstlerische Figur die verbreitete Vorstellung von der darin enthaltenen Rolle relativiert. Der Spieler bewertet, auf das Beispiel der Szene aus Kleists *Prinz Friedrich von Homburg* zurückkommend (↗S. 41 f.), die Rolle ›Reitergeneral‹ über die Figur ›Reitergeneral Prinz Friedrich von Homburg‹ und gelangt so unter Umständen zu der Einsicht, dass ein Offizier durchaus Charakterzüge entwickeln kann, die den gemeinhin üblichen Vorstellungen von soldatischem Verhalten widersprechen.

Abschließend sei angemerkt, dass mit dem psychologischen Konstrukt ›Bezugswürdigkeit‹ auch eine besondere Rezeptionshaltung des Publikums beschrieben werden kann. Gemeint ist die Tatsache, dass Zuschauerinnen und Zuschauer eine Figur im Theater oder im Film über den sie jeweils verkörpernden angesehenen und/oder beliebten Schauspieler bewerten. Spannend wird das dort, wo dieser Schauspieler völlig unterschiedliche Figuren verkörpert, etwa Mel Gibson als Polizist Martin Riggs in dem Actionfilm *Lethal Weapon* von Richard Donner und als Hamlet in der gleichnamigen Verfilmung von Franco Zeffirelli.

Darstellendes Spiel als Methode kooperativen Unterrichts

In Arbeiten zum »Theater als Lernform« wird betont, dass beim Theaterspielen mehr gelernt werden kann als nur das Theaterspielen: verbale und non-verbale Ausdrucks- und Wahrnehmungsfähigkeiten; die Fähigkeit und Bereitschaft zum Selbstausdruck, zur offenen und verständlichen Mitteilung von Vorstellungen, Gedanken und Gefühlen; die Fähigkeit zur differenzierten Wahrnehmung, Erkenntnis und Wiedergabe des Verhaltens anderer Personen; die Fähigkeit zur Einfühlung in andere Personen und zu angemessenem Eingehen und Reagieren auf das Verhalten anderer Personen.[54]

Einschränkend ist hier festzuhalten, dass diese und andere positiven Charakterisierungen nicht empirisch belegt bzw. abgesichert sind. Vor Überbewertungen, gar der Beschwörung einer Omnipotenz von darstellendem Spiel hat man sich also zu hüten. Das gilt für das bisher Gesagte, erst recht und in besonderem Maße, wenn darstellendes Spiel als Methode im Unterricht auf Tauglichkeit geprüft wird. Die wenigen vorliegenden Untersuchungen beziehen sich auf Rollenspielformen und klingen wenig ermutigend. – Zum Kindertheater sind mir keine Untersuchungen bekannt.

Es wird beispielsweise festgestellt, dass sich die Verwendung von Simulationsspielen im Unterricht nicht wesentlich auf Lernen und Einstellungen auswirkt. Zwar werde dieser Methode mehr Interesse entgegengebracht, aber es werden mit ihrem Einsatz nicht mehr Fakten und Prinzipien erlernt, Informationen werden nicht länger behalten, und es werden auch keine größeren Fähigkeiten zum kritischen Denken und zur Problemlösung erworben. Zusammenfassend wird geschlussfolgert, dass »bisherige Hinweise empirischer Forschungen über Wirksamkeit von di-

daktischem Rollenspiel[55] unter Schulbedingungen weitgehend hypo-
thetisch bleiben«[56]. Eingedenk dieser Tatsache werde ich mich auf das
beschränken, was für den Zusammenhang darstellendes Spiel und Unterricht beschreibbar ist.

Beschreibbar ist, dass darstellendem Spiel Metakommunikation, Kommunikation über Kommunikation, faktisch innewohnt, inhärent ist.

Wenn im Alltag Kommunikation nicht funktioniert, besteht zur Lösung von Konflikten, zur Klärung von Missverständnissen usf. die Möglichkeit, einen Wechsel der Kommunikationsebenen vorzunehmen. Das
bedeutet, es wird dann nicht mehr weiter kommuniziert, sondern *über*
die gerade stattfindende Kommunikation gesprochen. Eine Lösungsmög-
lichkeit für Kommunikationsprobleme besteht hier deshalb, weil erkennbar wird, woran die Kommunikation scheitert. Man fühlt sich zum Beispiel verletzt, weil man eine Aussage des Gesprächspartners für sich anders ›übersetzt‹, als sie dieser gemeint hat und reagiert deshalb auf eine
vermeintliche Beziehungsdefinition statt auf den sachlichen Informati-
onswert einer Aussage usw.[57]

Unterliegt in der Alltagskommunikation dem Wechsel in die Metaebene
aufgrund von Kommunikationsstörungen ein bewusster Entschluss, findet Metakommunikation im darstellenden Spiel gewissermaßen automa-
tisch statt. Wenn darstellendes Spiel seinem Wesen nach Kommunikation ist, dann ist die Kommunikation, die beim Probieren einer Szene
stattfindet, Kommunikation über diese Kommunikation. Die Entscheidung, etwas zu spielen, zieht zwangsläufig eine Diskussion über das Was?
und das Wie? des Darzustellenden nach sich. Das Darzustellende ist seinem Wesen nach Kommunikation, damit werden Einsichten der Metakommunikation relevant und praktiziert, ohne dass davon ausdrücklich
die Rede ist (oder sein muss). Darüber hinaus ist im Zusammenhang mit
darstellendem Spiel ein erweitertes Verständnis von Metakommunikation
zugrunde gelegt, weil sie im Umgang mit darstellendem Spiel stattfindet,
ohne dass eine Kommunikationsstörung vorliegt. Durch darstellendes
Spiel ausgelöste Metakommunikation ist eher implizite Arbeitsweise als
Gesprächstherapie oder Kommunikationstraining. In ihr kommen alle
Aspekte gleichermaßen zum Tragen, weil das Spielen von Figuren keine
Reduzierungen zulässt. Die Spielenden müssen sich zu dem Thema der
Kommunikation in einem Stück genauso verhalten wie zu der Art und
Weise seiner Behandlung durch die Figuren. Die Besonderheit inhärenter
Metakommunikation in beschriebener Perspektive macht darstellendes
Spiel als kooperative Tätigkeit für den Unterricht interessant. Sie ermög-
licht, über darstellendes Spiel die Entwicklung sozialer Beziehungen mit
der Aneignung von Unterrichtsgegenständen zu verknüpfen. Denn einer-

seits folgt aus der Struktur des darstellenden Spiels, dass die Kommunikation über die Beziehungen der Figuren eines Stückes nie losgelöst von
den Beziehungen der Spielenden zu denken ist, andererseits ist das Zustandekommen von darstellendem Spiel daran gebunden, dass sich die
Spielenden der Spielsituation (Kommunikationssituation), der zu spielenden Figuren (Teilnehmer der Kommunikation) und möglicher Spielvarianten (der Art und Weise der Kommunikation) vergewissern. Ist die
Spielvorlage nicht beliebig, sondern in Abhängigkeit vom Inhalt eines
Faches gewählt, wird die Diskussion über die spielerische Umsetzung zugleich eine Diskussion über den jeweiligen Unterrichtsgegenstand.

Erstens Die Verständigung über die zu spielende Situation einer dramatischen Vorlage kann zum Beispiel das Thema einer Unterrichtsstunde
oder -einheit berühren. Der Charakter von Dramatik und der Versuch einer adäquaten Umsetzung in Spiel sind dabei für Unterricht interessant,
weil das Thema nicht nur angeregt wird.

Die zu spielende Situation einer dramatischen Vorlage ist ›konstruiert‹,
das heißt, die darin geschilderten Umstände gestatten keine eindeutige,
auf eine einzige Wahrheit abzielende, vorab mögliche Bewertung.

Das Thema Faschismus beispielsweise erfährt in der Farce *Mein Kampf*
von George Tabori (Auszug in: DSpT, 107–114) eine sehr eigenwillige
Gestaltung. Die Diskussion darum spaltet die Lager. Ist es möglich oder
besser: Darf man Hitler, diesen Menschenverächter, der für den Tod von
Millionen Menschen und für den verheerendsten Krieg seit Menschen-
gedenken verantwortlich ist, so grotesk darstellen? ›Grotesk‹ in der Konstellation der Hass-Liebe zu einem Juden, ›grotesk‹ in der Darstellung
von Hitlers Verhaltensweisen, die zum lauten Lachen reizen oder auch
mitleidiges, manchmal verständnisloses Lächeln hervorrufen. Wird damit einer Banalisierung der Verbrechen dieses Mannes Vorschub geleis-
tet? Werden die Verbrechen verniedlicht, entschuldigend gerechtfertigt,
als Taten eines psychisch kranken Menschen?

Auch *Geheime Freunde* von Rudolf Herfurtner (Auszug in: TSpK,
108–116) thematisiert Faschismus. Das Stück spielt 1944 in New York.
Der amerikanische Junge Alan, der sich mit einem französischen Mädchen, einer Jüdin, anfreundet, deren Vater von der Gestapo erschlagen
wurde, »muss erfahren, dass zwar der Krieg nicht bis nach New York gekommen ist, aber faschistisches Gedankengut auch in seiner Heimat ver-
breitet ist« (ebd., 108):

JOE CONDELLO He, Jud! Ich höre, ihr seid ein Paar. Stimmt das? […] Stimmt das,
  Silverman? […] Ich sag euch was: Ihr dreckigen Juden dreht alle möglichen
  dreckigen Dinger. […] Und genau darum rottet euch Hitler auch aus. (Ebd., 114)

Ist Faschismus nun ein spezifisch deutsches Phänomen oder nicht? Waren die Deutschen Hitlers willige Vollstrecker? Lässt sich das Problem allein auf die Vergangenheit bezogen diskutieren, auf die Ideologie nationalsozialistischer Machthaber reduzieren? Welches Ausmaß an faschistoidem Denken begegnet uns heute? Wie gehen wir damit um?

Der Schweizer Hansjörg Schneider führt in *Der Irrläufer* (Auszug in: DSpT, 138–142) sehr eindringlich diese Fragen in die heutige Zeit und zeigt, dass Fremdenfeindlichkeit vierzig Jahre später noch immer nichts an potentieller Gewaltbereitschaft eingebüßt hat.

›Gewalt‹ ist auch ein ›heißes‹ Thema unserer Gesellschaft. Die Diskussion darum verschärft sich, weil Gewalt zunehmend alle Lebensbereiche durchdringt. Von ›Gewaltprävention‹ ist die Rede bei Politikern und bei Pädagogen. *Clockwork Orange 2004* von Anthony Burgess (Auszug in: DSpT, 133–138) liefert keine einfachen Antworten. Es zeigt die physische Gewalt von Jugendlichen gegen wehrlose Opfer und die Hilflosigkeit (oder ist es Programm oder politischer Wille?) des Staates, dagegen vorzugehen. Am Ende steht die psychische Auslöschung von Menschen durch den Staat, die Produktion von seelenlosen Automaten, eben »aufgezogenen Orangen«. Wo liegt der Ausweg?

Zwar birgt die dramatische Vorlage genug Zündstoff für Diskussionen, aber erst die Absicht, sie in Spiel umzusetzen, ›zwingt‹ zur Stellungnahme und zum ›Aushandeln‹ von Positionen. Die im Spiel dargestellten Haltungen brauchen Eindeutigkeit. Ich erinnere daran, dass viele Spielvarianten *denkbar* sind, aber nur eine *spielbar* ist. Darstellendes Spiel ermöglicht somit, dass Erkenntnisse im wahrsten Sinne des Wortes ›erarbeitet‹, nicht ›in Köpfe geschüttet‹ werden.

Zweitens Ein weiterer Vorteil der dramatischen Vorlage und der spielerischen Umsetzung ist, dass die Themen ›geschehen‹, indem Geschichten von lebendigen, konkreten Menschen erzählt werden. Über die Annäherung an zu spielende Figuren, etwa mit Hilfe der Methode des ›Wer bin ich?‹, werden Einzelschicksale aus der anonymen Masse herausgehoben, die der Beschreibung sozialer, politischer oder ökonomischer Prozesse in Vergangenheit und Gegenwart in der Regel zugrunde liegt. Menschen werden einem lieb oder verhasst, ihre Lebensumstände einsehbar, die Motive für ihr Handeln nachvollziehbar. Selten wird diese Annäherung durch solch ausdrückliche und schonungslose Selbstoffenbarung wie bei Mutter Hase in dem Stück *Hase Hase* von Coline Serreau (Auszug in: DSpT, 143–150) erleichtert. In einem im Textband nicht abgedruckten Monolog gibt sie dem Publikum Auskunft über sich selbst:

MAMA Es gibt Dinge, die ich niemandem erzählen kann, stellen Sie sich vor, ich bin die Mama. Und eine Mama, die zeigt ihrer Familie nicht die Würmer, die die

Pfeiler zerfressen. [...] Ich, ich möchte an einem Dienstag im Herbst eine Bootspartie auf dem See des Bois de Bologne machen. Papa wär am Ruder, und man würde von Liebe reden. Ich möchte in die Bäckerei runter, mir eine Streuselschnecke kaufen und sie auf einer Caféterrasse essen. Ich möchte mir einen Gürtel kaufen, ihn bis zum letzten Loch zuziehen, und er würde nicht drücken. Ich möchte eines Morgens den Regen sehen durchs Fenster und mir sagen, das ist schön, es regnet, ich mag das Leben. Ich möchte daran glauben, dass, wohin ich auch gehe, der Weg mit Rosen bestreut ist. Ich möchte, dass meine Mutter da ist und sich Sorgen um mich macht. Dass sie mir wie früher eine Wollmütze über den Kopf stülpt, damit ich mich nicht erkälte. Die Tage meiner Jugend, ich weiß, dass sie vergangen sind ... aber wann? Wie? Eines Tages wacht man auf, und alle sind weg, die fragten: ›Na, wie war's?‹, wenn man zurückkam aus der großen weiten Welt draußen. Es gab jemanden, dem man die Prügeleien vom Schulhof erzählen konnte, der sich aufregte, wenn man das Butterbrot zum Frühstück nicht aufgegessen hatte. Ich will Ihnen sagen, was mich traurig macht, nicht Maries Scheidung, Lucies verpatzte Heirat, dass Hase rausgeschmissen, Papa arbeitslos und Jeannot ein Terrorist ... Was mich traurig macht, ist diese graue Gipsschicht, die mir den Körper und das Leben ganz bedeckt hat, sodass mich niemand mehr sieht. Ich, ich bin die Mama, die einkaufen geht, und Mama hat immer für alles eine Lösung, denn wenn jemand clever ist, dann bin ich das, und der Tag, an dem diese Familie im Dreck versinkt, der bricht nicht so bald an! Nur ich, ich steck im Schlamm, bis zum Hals steck ich drin, und es ist schon lange her, dass ich aufgehört habe, mich zu lieben [...].«

(C. S.: Hase Hase. Berlin: henschel Schauspiel Theaterverlag 1993, S. 34)

Drittens Die Diskussion über Spielvarianten, ihre Erprobung und Ausformung im Spiel sind insbesondere für Literaturunterricht interessant. Darstellendes Spiel gilt dort als eine gattungsadäquate Aneignungsform von Dramen, Dramatik. Warum? Dramatik ist für die Bühne geschrieben, in aller Regel. Es entsteht eine Geschichte durch das Handeln von Figuren miteinander oder/und gegeneinander ohne die Bewertung eines Dritten, eines außerhalb des Geschehens stehenden allwissenden Erzählers. Das heißt, es wird nicht mit reflexiven Einschüben von etwas erzählt, die Erzählung konstituiert nicht die Figuren und ihr Tun, sondern die Figuren und ihr Tun konstituieren das Erzählte. Und zwar im Jetzt. Das schließt ein, dass die Regieanweisungen nur die Hälfte (vielleicht nicht einmal das) dessen vorgeben, was die Figuren tun oder tun sollen, wie sie sich in einer bestimmten Situation fühlen oder fühlen sollen. Die andere Hälfte muss man sich aus dem, was sie sagen, ›zusammenreimen‹. Dass das, was sie sagen, mit dem übereinstimmt, was sie tun und/oder fühlen, dafür hat man keine Gewähr. Dieses Verhältnis unterliegt der Deutung des Textes. Wie soll die Deutung ausfallen, wenn man die Figuren nicht ›sagen lässt‹, nicht ›tun lässt‹, nicht ›(aus-)handeln lässt‹ und schaut, was dabei entsteht, sondern nur darüber redet? Wie soll die Deutung ausfallen, wenn man sich zum ›besserwissenden Beobachter‹ erhebt, den allwissenden Erzähler sozusagen durch die Hintertür doch wieder in den Text hineinlässt? Will man von vornherein ›klüger‹ sein als die Figuren? Mehr noch: Können die denn sicher sein, dass das, was ihr Gegenspieler von sich gibt, ›authentisch‹ ist? Macht nicht der Ton die Musik? Oder wer sagt denn, dass die Figuren immer auseinander halten können, ob sie gerade auf den Beziehungs-, den Sach-, den Appell- oder Selbstoffenbarungsaspekt reagieren? Sind sie nicht oft genauso überrascht von der Wirkung ihrer Worte bei ihren Gesprächspartnern?

Darstellendes Spiel kann deshalb ›gattungsadäquat‹ genannt werden, weil es diese ›jungfräuliche‹ Situation herstellt. Es ist nur an bestimmte Fixpunkte gebunden, die die dramatische Vorlage vorgibt. Das sind einerseits Charakterisierungen der zu spielenden Figuren, die in einem Text eindeutig zu objektivieren sind – etwa so wie im von mir beschriebenen Beispiel *Woyzeck* die Charakterisierung der Titelfigur und Maries (↗ S. 64 f.). Das sind andererseits die von einem Text vorgegebenen Drehpunkte.

Wie die Figuren zu den Drehpunkten gelangen, warum die Geschichten einen anderen Verlauf nehmen, welche Voraussetzungen erfüllt sein müssten, um das zu ändern – eine Ahnung davon entsteht durch die (sinnlich wahrnehmbare) Verkörperung der Figuren im Spiel, durch Probieren von Verhaltensweisen im – dem Spiel eigenen – Pendeln zwischen Zufall und Regel.

Das heißt, eine (mögliche) Deutung entsteht durch Spiel: In der Eingangsszene des Stückes *Der Selbstmörder* von Nikolaj Erdman (DSpT, 126 f.) versucht Ehemann Podsekalnikov seine Frau Marja zu wecken. Beim Lesen ein völlig sachlich ablaufender Vorgang. Als Studenten diese Szene probierten, näherte sich der Student der Studentin im Bett so vorsichtig und mit einem solch sanften Ton, und die Studentin reagierte mit einem solch erwartungsvollen »Ja … Ja, was denn, Semën … Šenja …«, dass für die Zuschauer die Deutung sehr wahrscheinlich wurde, zumindest plausibel blieb, Marjas anschließende Entrüstung resultiere aus dem völligen Unverständnis darüber, dass ihr Mann nicht Zärtlichkeiten, sondern ein Stück Leberwurst wolle. (DSpT, 126)

Das heißt aber auch: Eine (mögliche) Deutung wird erst durch Spiel sichtbar, benennbar und damit kommunizierbar. Fritz Marquardt inszenierte an der Volksbühne Berlin *Der Bau* von Heiner Müller. In einer Szene kommt der Darsteller des Ingenieurs Hasselbein, Hermann Beyer, auf Stelzen gelaufen. Marquardt über das Zustandekommen dieser Idee:

»Es interessiert mich nicht so sehr die Theorie, und Sie werden mir das möglicherweise nicht glauben, dass die Stelzen nicht aus irgendeiner theoretischen Überlegung in das Stück gekommen sind, sondern aus ganz praktischen, profanen Gründen. Da sind tausend Sachen probiert worden, und mit einem Mal kam der Hermann Beyer und machte den Vorschlag, er würde es mal mit Stelzen probieren [...].«[58]

Damit ist viel über das Verhältnis von darstellendem Spiel und Text gesagt. Darstellendes Spiel und die Methoden seiner Erarbeitung ermöglichen eigenständige Interpretationen, sie setzen nicht lediglich Textdeutungen in Szene, die nach traditionellen Interpretationsmethoden vorgenommen wurden. Als verallgemeinerbare Arbeitsweise lässt sich für den Umgang mit darstellendem Spiel in diesem Zusammenhang Folgendes beschreiben:

»Der Regisseur oder Schauspieler besitzt Möglichkeiten einer Manipulierung des Bedürfnisbereiches der handelnden Personen, ihrer Interessen, Neigungen, offenen oder verborgenen Ziele. Da die einzelnen Motive eine bestimmte Handlungslogik, bestimmte Wechselbeziehungen zu anderen Menschen verlangen, werden in den Handlungen der Bühnengestalten objektive Gesetzmäßigkeiten des Verhaltens wirksam, deren Verletzung als Unwahrheit empfunden wird. [...] Der Regisseur (oder Schauspieler) analysiert nicht die Gründe einer Unwahrheit, sondern ändert vielmehr die innere Verhaltensstruktur, seine Triebkräfte und äußeren Parameter so lange, bis das Gefühl der Wahrhaftigkeit der Bühnenhandlung entsteht.«[59]

Im Folgenden wird ausgeführt, was darstellendes Spiel darüber hinaus bei konsequenter Beachtung seiner spezifischen Eigenart gegenüber Rollenspielformen für eine genaue Interpretation eines Textes, für das Verständnis der Figuren einer literarischen Vorlage leistet:

Erstens Die Figuren rücken an den Erfahrungshorizont einer Darstellerin oder eines Darstellers heran, sodass Handlungs- und Verhaltensweisen der Figuren für sie nachempfindbar werden. Der Darsteller der Figur des Quinn aus dem Roman *Stadt aus Glas* des Nordamerikaners Paul Auster beschreibt seine Erfahrungen bei der Verfilmung des Stoffes so:

»Die Erfahrungen, die ich bei der Verfilmung von *Stadt aus Glas* machte, haben mein Verhältnis zu Paul Austers Prosa in einem hohen Maße geprägt. [...] Ich kann nicht die Erfahrungen Paul Austers haben, also wird mir, auch bei genauestem Lesen, vieles verborgen bleiben, was dem Autor vielleicht sehr wichtig war.
    Es sind also zwei sehr unterschiedliche Erfahrungsbereiche, die aufeinander treffen. Das ist das immer wiederkehrende Rezeptionsproblem. Dennoch bin ich von der Prosa Paul Austers fasziniert. Meines Erachtens ist es unmöglich, diese Faszination mit ausschließlich literaturwissen-

schaftlichen Methoden auszuleben. [...] Ein wesentlicher Vorteil einer Verfilmung könnte sein, dass man die Gelegenheit bekommt, sich unmittelbar in bestimmte Situationen hineinzugeben. Dadurch werden diese Situationen erlebbarer. Im Sinne des Wortes kann man sich in eine bestimmte Lage ›hineinversetzen‹. Vor allem können Gefühle erlebbar werden, die beim bloßen Lesen vielleicht eher abstrakt bleiben. Für mich war das eine entscheidende Erkenntnis. An einigen Beispielen möchte ich das erläutern. Am Anfang des Films wird Quinn vom jungen Stillman angerufen. Dieser Anruf überrascht ihn, und Quinn muss sich in einer ungewohnten Situation, die ihn verwirrt, entsprechend verhalten. Wenn ich die Beschreibung dieser Situation lese, kann ich die Verwirrung nur schwer nachvollziehen. Wenn ich aber als Quinn diese Situation spielen möchte, muss ich mir vorstellen, was diese Verwirrung bedeutet. Ich muss versuchen, diese Verwirrung zu meinem eigenen Gefühl zu machen. Vielleicht gelingt es mir, wenn ich mich an eine Erfahrung erinnere, die ich selbst irgendwann gemacht habe. Das heißt, ich muss meine eigene Person in die Geschichte hineinbringen. Wenn es mir nicht gelingt, das Gefühl von Verwirrung zu erzeugen, kann ich die Szene nicht glaubwürdig darstellen. Ich bin also gezwungen, das Gefühl, das Auster in seinem Roman an dieser Stelle beschreibt, für mich selbst erlebbar zu machen, und komme ihm auf diese Weise nahe. Ein weiteres Beispiel ist das Warten von Quinn/Auster auf den zweiten Anruf von Stillman jun. Auch hier muss ich deutlich machen, dass es nicht etwa Langeweile ist, die mich zu scheinbar belanglosen Handlungen wie Zigaretten drehen verleitet. Das Warten ist Unruhe und Anspannung, auch Unsicherheit. Ohne Worte muss das den potentiellen Zuschauern übermittelt werden. Auch hier kann ich mich als Spieler nur von den mir bekannten Gefühlen in einer solchen Situation leiten lassen. Natürlich kennt jeder Mensch diese Gefühle; durch das Spielen einer Szene werden sie erkennbar. [...]

Der Versuch, beschriebene Gefühle nachzuvollziehen, überwindet die Distanz zwischen dem Autor und dem Leser. Für mich ist das der Punkt, wo ich dem Autor Paul Auster am nächsten bin. [...] Die Universalität menschlicher Gefühle ist etwas, das den Widerspruch der zwei Welten überwinden kann. Mit Sicherheit assoziieren Gefühle, wie z. B. Einsamkeit, für mich etwas anderes als für Auster, aber die Gefühle an sich sind uns beiden bekannt. Wenn erst einmal klar ist, dass es z. B. Einsamkeit ist, worüber Auster schreibt, kann ich auch tiefer in seinen Text eindringen.«[60]

Zweitens Weil darstellendes Spiel nur dann als darstellendes Spiel bezeichnet werden kann, wenn künstlerisch konkrete Figuren gespielt werden, wird über diese Form menschlichen Spiels die Individualität der Handlungs- und Verhaltensweisen literarischer Figuren einer Deutung zugänglich gemacht und Deutung nicht in Willkürliches verkehrt. Handlungsmotive oder Handlungsalternativen der Figuren werden von *ihrem*

Lebenszusammenhang bestimmt, von *ihrem* Aussehen, *ihrem* Denken usw.

In der Sekundärliteratur wird am Beispiel von Henrik Ibsens *Ein Puppenheim (Nora)* ein »Dialogisches Rollenspiel« als spielerische Möglichkeit beschrieben, sich mit einem literarischen Text intensiver auseinander zu setzen. Ausgangspunkt dieses Rollenspiels war die Idee, dass Nora, nachdem sie Helmer verlassen hat, ihr Verhalten in einem Gespräch mit ihrer Freundin Kristine und deren Mann erklären muss.

»Dieses Gespräch entwickelte sich zur Kernszene. Den Zuschauern und Spielern wurde in geradezu erschreckender Weise deutlich, in welche katastrophale Notlage sich Nora hineinmanövriert hat. Es gelingt Nora nicht, diese befreundete Familie zu überzeugen, dass sie richtig gehandelt habe, zumal sie nicht auf eine bereits gelungene Lebensumstellung verweisen kann.« *Und*: »Selbstverständlich hatten wir über den ›Kopf‹ alle registriert, dass Nora damit einen einschneidenden Entschluss gefasst hatte. Aber erst durch das Spiel offenbarte sich uns die Beweisnot Noras, die Ungeheuerlichkeit ihres Handelns, das auch heute noch keineswegs den Beifall der Gesellschaft fände.«[61]

Die Idee, eine Szene zu erfinden, die zeigt, wie das Stück weitergehen könnte, ist völlig legitim,[62] wenn deutlich herausgehoben wird, dass es nicht um die Beweisnot Noras geht. Die Beweisnot liegt auf der Spielerebene und im Zusammenhang damit auf der Rollenebene. Was gespielt wird, ist nämlich keineswegs ein denkbares Gespräch zwischen Nora, Kristine und Kristines Mann nach Noras Weggang von zu Hause. Was gespielt wird, ist die folgende Situation: ›Eine Frau hat ihren Mann und ihre drei Kinder verlassen, um sich selbst verwirklichen zu können. Sie übernachtet bei einer befreundeten Familie, wo es zur Diskussion über ihr Verhalten kommt.‹ Das bedeutet, es wird eine allgemeine Reaktion auf eine allgemeine Situation durchgespielt. Dabei werden durchaus (auch heute noch) denkbares gesellschaftliches Rollenverhalten und die Schwierigkeit, dagegen anzukommen, demonstriert. Das ist es, was die bestürzende Wirkung ausmacht, und dies ist auch die Leistung dieses Spiels.

Wenn diese Beobachtungen aber zur Charakterisierung der literarischen Figur Nora herangezogen werden sollen, wird es problematisch. Dazu müsste die Frage beantwortet werden, was die Nora im Stück zu dieser offensichtlich in ihrer Konsequenz noch nicht überschaubaren Entscheidung ›befähigt‹? Dazu gehört die Tatsache, dass sich Torvald der Argumentation Noras offensichtlich nicht verschließen kann. Weicht er nicht immer weiter zurück? Vom rollengemäßen »Ich verbiete es dir« bis zum Fakt, das Zusammenleben »wie Bruder und Schwester« akzeptieren zu wollen? Warum? Ist denn der im dialogischen Rollenspiel betonte

Aspekt der Selbstverwirklichung als Frau, das Problem des fehlenden Berufes der tatsächliche Trennungsgrund? Verlässt Nora ihren Mann nicht deshalb, weil sie von ihm unendlich enttäuscht wurde, weil er sie im Stich lässt in höchster seelischer Not, weil »das Wunder« nicht eintritt? Sie liebt ihn nicht mehr, weil er ihr durch sein Verhalten das Illusorische ihrer Beziehung klargemacht hat. Nora beweist nichts, sie rechnet ab:

HELMER Ach, du denkst und sprichst wie ein unverständiges Kind!

NORA Mag sein. Aber du denkst und sprichst nicht wie der Mann, dem ich mich noch weiter zugehörig fühlen kann. Als deine Angst vorbei war – nicht vor dem, was m i r drohte, sondern vor der Gefahr, der du selbst ausgesetzt warst –, als die Gefahr für dich vorüber war, da tatest du so, als ob gar nichts geschehen wäre. Ich war wieder deine kleine Lerche, deine Puppe, die du nun doppelt behutsam auf Händen tragen wolltest, weil sie ja so schwach und zerbrechlich ist. *Erhebt sich.* Torvald, in jenem Augenblick kam es mir zum Bewusstsein, dass ich acht Jahre lang mit einem fremden Mann gelebt, dass ich mit einem fremden Mann drei Kinder gehabt habe. Oh, ich darf nicht daran denken! Ich könnte mich selbst in Stücke reißen!

HELMER *sehr bedrückt* Ich sehe wohl, es hat sich ein Abgrund zwischen uns aufgetan. – Aber sollte er sich nicht überbrücken lassen, Nora?

(DSpT, 82 f.; © Hinstorff Verlag, Rostock 1965)

Im darstellenden Spiel besteht also die Möglichkeit, das über den eigenen Erfahrungshorizont Hinausgehende eines Textes zu erfassen. Voraussetzung bleibt dafür, dass es sich auch um darstellendes Spiel handelt.

Anhang

Abkürzungen/Siglen

DSpT Darstellendes Spiel. Texte. Hg. André Barz. Berlin: Volk und Wissen 1996.
TSpK TheaterSpielKiste. Texte und Ideen zum Darstellenden Spiel für Schülerinnen und Schüler der Klassen 5 bis 7. Berlin: Volk und Wissen 1995.

Anmerkungen und Zitatnachweise

1 Weitere Spiele und Übungen in: DSpT, S. 7–15.
2 Vgl. Schauspielen. Hg. Gerhard Ebert/Rudolf Penka. Berlin: Henschelverl. Kunst und Gesellschaft 1981.
3 1986/88 habe ich an einer Leipziger Schule mit Schülerinnen und Schülern Theater gespielt. In dieser Zeit entstanden zwei Inszenierungen. Die Proben dazu wurden von mir unregelmäßig durch Probenmitschnitte dokumentiert und durch Probentagebücher der Schülerinnen und Schüler begleitet, die sie mir anschließend zur Verfügung stellten. Dieses Material war Teil einer empirischen Untersuchung, die ich im Rahmen meiner wissenschaftlichen Arbeit zum darstellenden Spiel seinerzeit durchführte. Die Auszüge und Aussagen im vorliegenden Buch sind diesem Material entnommen.
4 Verena Nell: Interaktives Verhalten in Situationen der Kontaktaufnahme. München: Minerva-Publikation 1982, S. 62 f.
5 Ulrich Heimlich: Einführung in die Spielpädagogik. Eine Orientierungshilfe für sozial-, schul- und behindertenpädagogische Handlungsfelder. Bad Heilbrunn: Klinkhardt 1993, S. 139 f.
6 Ulrich Baer: Auswertungsmethoden für Spiele mit Gruppen. In: Zeitschrift für Gruppenpädagogik. (Wiesbaden), 7 (1981), H. 3, S. 158.
7 »Theaterkunst im weitesten Sinne liegt vor, wenn menschliches Zusammenleben und/oder der menschliche [gesellschaftliche wie individuelle] Bezug zur objektiven Realität oder zu eingebildeten Wesen und Dingen [Göttern usw.] mittels sinnlich-gegenwärtigen Verhaltens und Handelns lebender Menschen, das Figuren und/oder Dinge vorstellt, in einem fixierten Raum, während eines bestimmten Zeitablaufes und für eine bestimmte Gruppe von Menschen dargestellt werden.« – Joachim Fiebach/Rudolf Münz: Thesen zu theoretisch-methodischen Fragen der Theatergeschichtsschreibung. In: Wissenschaftl. Zeitschrift der Humboldt-Universität Berlin 23 (1974), Nr. 4, S. 359.
8 Wörterbuch der Psychologie. Hg. Günter Claus u. a. Leipzig: Bibliographisches Institut 1985, S. 528 f.; Psychologisches Wörterbuch. Hg. Friedrich Dorsch/Hartmut Häcker/Kurt H. Stapf. Bern/Göttingen/Toronto/Seattle: Hans Huber 1994, S. 742.
9 ›Quasi-Realität‹ wird von Heinz Heckhausen (Heckhausen 1988, 138–155) als Bezeichnung für das allgemeine Merkmal der besonderen Wirklichkeitskonstruktion des Kinderspiels gebraucht und von Hans Mogel (Mogel 1994, 26) jüngst kritisiert. Ich verzichte auf eine Auseinandersetzung, halte jedoch dieses Merkmal zur Kennzeichnung einer besonderen Realitätskonstruktion im Spiel nach wie vor

für tauglich, die inneren Strukturen von Rollenspiel und darstellendem Spiel bloßzulegen.

10 »Oft steht in der Literatur dafür [für Interaktion] der Begriff der Kommunikation bzw. seine semantische Gleichsetzung mit dem Interaktionsbegriff. Definiert man beide Begriffe sehr weit, so mag dies wohl angehen. Dann steht aber der semantische Hintergrund dagegen; im Wort ›Interaktion‹ ist das Agieren, das Handeln mehrerer Individuen (bzw. die Abstimmung der Handlungen) semantisch der Mittelpunkt, im Wort ›Kommunikation‹ der Austausch von Bewusstseinsinhalten mit Hilfe von Zeichen. Demzufolge dürfte es terminologisch klarer sein, den Begriff der Interaktion (als ›Austausch‹ von Handlungen) als den grundlegenderen zu verwenden und den Begriff der Kommunikation (als ›Austausch‹ von Zeichen) diesem unterzuordnen – wenn auch sofort dazu gesagt werden muss, dass es bei Menschen keinen Austausch von Handlungen ohne den von Zeichen gibt. Zwischenmenschliche Wechselwirkung wird also mit dem Begriff der Interaktion mehr unter dem Aspekt der (zumeist und primär materiellen) Tätigkeit und mit dem Begriff der Kommunikation mehr unter dem Aspekt der Zeichenübertragung charakterisiert.« – Hans Hiebsch: Interpersonelle Wahrnehmung und Urteilsbildung. Psychologische Grundlagen der Beurteilung von Menschen. Berlin: Dt. Verlag d. Wissenschaften 1986, S. 16.

11 Manfred Brauneck: Theater – Spiel und Ernst. Ein Diskurs zur theoretischen Grundlegung der Theaterästhetik. In: Theater im 20. Jh. Programmschriften, Stilperioden, Reformmodelle. Hg. M. Brauneck. Reinbek b. Hamburg: Rowohlt Tb. 1989, S. 22.

12 Daniil Elkonin: Psychologie des Spiels. Berlin: Volk und Wissen 1980, S. 39 f.

13 Alexej N. Leontjew: Probleme der Entwicklung des Psychischen. Berlin: Volk und Wissen 1985, S. 296 f.

14 Erhard Köstler: Psychologische Aspekte der Rezeption literarischer Gestalten. Berlin: Volk und Wissen 1983, S. 76.

15 Natürlich bleibt davon unberührt, dass im normalen Sprachgebrauch ein Schauspieler ›Rollen‹ spielt. Die Unterscheidung von ›Rolle‹ und ›Figur‹ dient der gedanklichen Klarheit über deren Merkmale.

16 Ich beziehe mich hier auf die Arbeitsdefinition von darstellendem Spiel, die ich 1989 vorgeschlagen habe. – Vgl. André Barz: Psychologische Aspekte des darstellenden Spiels. Egelsbach/Köln/New York: Hänsel-Hohenhausen 1992, S. 94.

17 Vgl. Psychologisches Wörterbuch (s. Nachweis 8), S. 601 und 670; Friedrich Jahn: Geschichte spielend lernen. Hilfen für den handlungsorientierten Geschichtsunterricht. Frankfurt a. M.: Diesterweg 1995; Rollenspiel als Methode sprachlichen und sozialen Lernens. Hg. Barbara Kochan. Kronberg, Ts.: Scriptor 1976; Planspiel, Rollenspiel, Fallstudie. Zur Praxis und Theorie lernaktiver Methoden. Köln: Wirtschaftsverl. Bachen 1992; Psychodrama. Gruppentherapie mit Kindern. Mainz: Matthias-Grünewald-Verl. 1997; Roland Springer: Grundlagen einer Psychodramapädagogik. Köln: inScenario-Verl. 1995; Morry van Ments: Rollenspiel effektiv. Ein Leitfaden für Lehrer, Erzieher, Ausbilder und Gruppenleiter. München: Ehrenwirth 1991.

18 Siehe Nachweis 7 (Zitat).

19 Schauspielen (s. Nachweis 2), S. 70.

20 Die Einsicht in die Bedeutung des methodischen Hinweises »Formuliere aktiv« bei der Beschreibung eines Vorgangs verdanke ich einem Regieseminar bei Hermann Schein, Regisseur an den Kammerspielen Magdeburg.

21 In: Ruth Berlau u. a.: Theaterarbeit. 6 Aufführungen des Berliner Ensembles. Hg. Berliner Ensemble – Helene Weigel. Dresden: VVV Dresdner Verl. o. J., S. 228.

22 Schauspielen (s. Nachweis 2), S. 70.

23 Ebd., S. 77.

24 Exemplarisch dafür ist Bertolt Brechts Gliederung seines Stückes *Mutter Courage und ihre Kinder*. Ich führe als Beispiel die erste Szene an:
»1. Szene
DIE GESCHÄFTSFRAU ANNA FIERLING, BEKANNT UNTER DEM NAMEN COURAGE, STÖSST ZUR SCHWEDISCHEN ARMEE
Werber durchstreifen das Land nach Kanonenfutter / Die Courage präsentiert einem Feldwebel ihre Familie, entstanden auf verschiedenen Kriegsschauplätzen / Die Marketenderin verteidigt ihre Söhne gegen die Werber mit dem Messer / Sie entdeckt, daß ihre Söhne den Werbern erliegen, und prophezeit dem Feldwebel frühen Soldatentod / Um sie vom Krieg abzuschrecken, läßt sie auch ihre Kinder das schwarze Los ziehen / Infolge eines kleinen Handels verliert sie am Ende doch noch ihren kühnen Sohn / Auch der Feldwebel prophezeit der Courage etwas: Wer vom Krieg leben will, muß ihm auch etwas geben.«
Siehe Nachweis 21.

25 Ute Pinkert: Darstellendes Spiel in Leipzig – ein Erfahrungsbericht. In: Spiel und Theater an Fachhochschulen und Hochschulen in den neuen Bundesländern. Hg. Bundesarbeitsgemeinschaft Spiel und Theater e. V./Universität Leipzig. Hannover/Leipzig 1994, S. 31.

26 Die angeführten Beispiele sind Erfindungen der Studentinnen und Studenten.

27 Schauspielen (s. Nachweis 2), S. 77.

28 Ebd.

29 Jean Genet, zit. nach: Programmheft der Inszenierung *Die Zofen* am Schauspiel Leipzig. Spielzeit 1994/95, Heft 1, S. 9.

30 Pierre Walter Politz, in: Ebd., S. 3 f.

31 Theaterlexikon. Begriffe und Epochen, Bühnen und Ensembles. Hg. Manfred Brauneck/Gérard Schneilin. Reinbek b. Hamburg: Rowohlt Tb 1992, S. 581.

32 Ebd., S. 583.

33 Eine Schülertheatergruppe führte das Stück nach Motiven der Erzählung von Oscar Wilde auf Schloss Wiederstedt auf. Die Umgebung des Schlosses wurde ebenfalls in das Spiel einbezogen: Die Beerdigung von Sir Simon of Canterville fand an der Schlossmauer statt. Die Zuschauer hatten den Trauerzug dahin begleitet. – Die nachfolgenden Beispiele von und aus Inszenierungen stammen ebenfalls aus meiner Arbeit mit Schülertheatergruppen.

34 Für die Verwendung von Musik gilt ebenfalls, dass für öffentliche Aufführungen die rechtliche Seite geklärt werden muss. Zuständig ist dafür die Gesellschaft für musikalische Aufführungsrechte und mechanische Vervielfältigungsrechte (GEMA).

35 Das Beispiel ist der Inszenierung *Vom Mond gefallen?* entnommen. Die grafische Gestaltung verdanken wir Markus Laube, Mitglied von »Theatergetuschel«, einer Leipziger Studententheatergruppe.

36 Vgl. André Barz: Literaturunterricht und Massenmedien. Probleme und Positionen. Egelsbach/Frankfurt a. M./Washington: Hänsel-Hohenhausen 1997, S. 56.

37 Für den detaillierten Einblick in das Arbeiten mit Videotechnik, einschließlich spezieller Hinweise für das Wirken filmischer Ausdrucksmöglichkeiten, empfehle ich: Günther Anfang/Michael Bloech/Robert Hültner: Vom Plot zur Premiere. Gestaltung und Technik für Videogruppen. München: KoPäd 1994.

38 Rolf Oerter: Psychologie des Spiels. Ein handlungstheoretischer Ansatz. München: Quintessenz 1993, S. 13.

39 Psychologisches Wörterbuch (s. Nachweis 8), S. 742.

40 Alexej N. Leontjew: Tätigkeit, Bewußtsein, Persönlichkeit. Köln: Pahl-Rugenstein 1979, S. 201 (Hervorhebungen von mir – A. B.).

41 Daniil Elkonin (s. Nachweis 12), S. 415.

42 Alexej N. Leontjew (s. Nachweis 40), S. 136.

43 Ebd., S. 202 (Hervorhebungen von mir – A. B.).

44 D. I. Dubrowski/J. W. Tschernoswitow: Zur Analyse der Struktur der subjektiven Realität (Wert- und Sinnaspekt). In: Sowjetwissenschaft. Gesellschaftswissenschaftliche Beiträge (Berlin), 33 (1980), H. 9, S. 997.

45 Ebd.

46 Lew Wygotski: Ausgew. Schriften. Bd. 1. Hg. Joachim Lompscher. Berlin: Volk und Wissen 1985, S. 328 f.

47 Daniil Elkonin (s. Nachweis 12), S. 43.

48 Ebd.

49 Hannelore Hempel: Zur Persönlichkeitsentwicklung von Kindern und Jugendlichen über eine Freizeitgestaltung mit darstellendem Spiel. Nachgewiesen an 13jähriger Praxis im Pioniertheater des Jugendbaubetriebes Königstein. Dresden: Pädagogische Hochschule 1982, S. 98 f. (Diss. A, Typoskript).

50 Ebd., S. 101.

51 Artur Petrowski: Psychologische Theorie des Kollektives. Berlin: Volk und Wissen 1983, S. 183–188.

52 Ebd.

53 Kathrin Prenzel: Änderung der Bezugswürdigkeit durch darstellendes Spiel. Leipzig: Pädagogische Hochschule 1989 (Diplomarbeit, Typoskript), S. 59.

54 Hans Hoppe: Theater als Lernform. In: Spiel und Theater (Weinheim), 37 (1985), Nr. 128, S. 7.

55 Didaktisches Rollenspiel ist keine eigenständige Spielart, sondern bezeichnet Rollenspiel, das in Lehr- und Lernprozessen angewendet wird. Vgl. dazu ›didaktisches Spiel‹, in: Wörterbuch der Psychologie (s. Nachweis 8), S. 122 f.

56 Ursula Coburn-Stage: Lernen durch Rollenspiel – Theorie und Praxis für die Schule. Frankfurt a. M.: Fischer Tb. 1977, S. 139.

57 Die Schwierigkeiten, mit dem Sach-, Beziehungs-, Appell- und Selbstoffenbarungsaspekt einer Nachricht umzugehen, sind anschaulich beschrieben bei: Friedrich Schulz von Thun: Miteinander reden. Störungen und Klärungen. Psychologie der zwischenmenschlichen Kommunikation. Reinbek b. Hamburg: Rowohlt Tb. 1988.

58 Fritz Marquard: Gespräch über die »Bau«-Inszenierung an der Volksbühne. In: Theater der Zeit (Berlin), 35 (1980), H. 11, S. 11.

59 Pavel Vasilevič Simonov: Höhere Nerventätigkeit des Menschen. Motivationelle und emotionale Aspekte. Berlin: Volk und Gesundheit 1982, S. 141.

60 Tilo Fuchs: Das Verfilmen von Paul Austers *Stadt aus Glas* als Möglichkeit der Rezeption des Romans. Leipzig: Universität 1994, S. 3 f. (Belegarbeit, Typoskript).

61 Karl Schuster: Das Spiel und die dramatischen Formen im Deutschunterricht. Baltmannsweiler: Schneider-Verl. Hohengehren 1994, S. 146 und 134.

62 Anmerkung der Herausgeberin: Elfriede Jelinek führt mit dem Schauspiel *Was geschah, als Nora ihren Mann verlassen hatte* (U. 1979, BA 1984) Ibsens Drama lehrstückhaft weiter; das moderne Stück könnte in der S II herangezogen werden.

Literaturhinweise

Theatergeschichte

Alewyn, Richard 1989: Das große Welttheater. Die Epoche der höfischen Feste. München: Beck.

Brauneck, Manfred 1986: Theater im 20. Jahrhundert. Reinbek b. Hamburg: Rowohlt Tb.

Doll, Hans-Peter/Günther *Erken* 1985: Theater. Eine illustrierte Geschichte des Schauspiels. Stuttgart/Zürich: Belser.

Fiebach, Joachim 1991: Von Craig bis Brecht. Studien zu Künstlertheorien in der 1. Hälfte des 20. Jh. Berlin: Henschel.

Fischer-Lichte, Erika 1990: Geschichte des Dramas. Epochen der Identität auf dem Theater von der Antike bis zur Gegenwart. Tübingen: Francke.

Floeck, Wilfried (Hg.) 1988: Tendenzen des Gegenwartstheaters. Tübingen: Francke.

Hoffmann, Christel 1987: Die Pfosten sind, die Bretter aufgeschlagen, und jedermann erwartet sich ein Fest. Theater von Aischylos bis Brecht. Berlin: Kinderbuchverl.

Höfling, Helmut 1987: Der große Applaus. 2000 Jahre Theater. Reutlingen: Ensslin u. Laiblin.

Kafitz, Dieter (Hg.) 1991: Drama und Theater der Jahrhundertwende. Tübingen: Francke.

Michael, Friedrich 1990: Geschichte des dt. Theaters. Frankfurt a. M.: Suhrkamp.

Schmitt, Peter 1990: Schauspieler und Theaterbetrieb. Studien zur Sozialgeschichte des Schauspielstandes im deutschsprachigen Raum 1700–1900. Tübingen: Niemeyer.

Simon, Erika 1981: Das antike Theater. Würzburg: Plötz.

Dramaturgie

Asmuth, Bernhard 1994: Einführung in die Dramenanalyse. Stuttgart/Weimar: Metzler.

Freytag, Gustav 1993: Die Technik des Dramas. Stuttgart: Reclam.

Gelfert, Hans-Dieter 1995: Wie interpretiert man ein Drama? Für die Sekundarstufe. Stuttgart: Reclam.

Pfister, Manfred 1994: Das Drama. Theorie u. Analyse. München: Fink.

Spittler, Horst 1983: Struktur dramatischer Texte. Ein Arbeitsbuch zu ihrer sprachl. Erschließung. Bamberg: Buchner.

Staehle, Ulrich (Hg.) 1978: Theorie des Dramas. Stuttgart: Reclam.

Methoden der Theaterarbeit

Artaud, Antonin 1989: Das Theater und sein Double. Frankfurt a. M.: Fischer Tb.

Barba, Eugenio 1985: Jenseits der schwimmenden Inseln. Reflexionen mit dem Odin-Theater. Theorie und Praxis des Freien Theaters. Reinbek b. Hamburg: Rowohlt.

Boal, Augusto 1989: Theater der Unterdrückten. Übungen und Spiele für Schauspieler und Nichtschauspieler. Frankfurt a. M.: Suhrkamp.

Brecht, Bertolt 1987: Schriften zum Theater. Über eine nicht-aristotelische Dramatik. Frankfurt a. M.: Suhrkamp.

Brook, Peter 1983: Der leere Raum. Berlin: Alexander Verl.

Grotowski, Jerzy 1986: Für ein armes Theater. Zürich: Orell Füssli.

Strehler, Giorgio 1977: Für ein menschlicheres Theater. Berlin: Henschel.

Nachschlagewerke

Knaurs großer Schauspielführer. Mehr als 1 000 Einzeldarstellungen zu Werken und
  Autoren. München: dtv 1996.
Seidel, Klaus Jürgen 1996: dtv junior Schauspielführer. München: dtv.
Theaterlexikon. Begriffe u. Epochen, Bühnen u. Ensembles. Hg. M. Brauneck/G. Schnei-
  lin. Reinbek b. Hamburg: Rowohlt Tb. 1992.

Theorie und Psychologie des Spiels

Baatz, Ursula (Hg.) 1993: Vom Ernst des Spiels. Über Spiel und Spieltheorien. Berlin:
  Reimer.
Einsiedler, Wolfgang 1991: Das Spiel der Kinder. Zur Pädagogik und Psychologie des
  Kinderspiels. Bad Heilbronn: Klinkhardt.
Flitner, Andreas (Hg.) 1988: Das Kinderspiel. München/Zürich: Piper.
– 1996: Spielen – Lernen. Praxis und Deutung des Kinderspiels. München/Zürich:
  Piper.
Fritz, Jürgen 1993: Theorie und Pädagogik des Spiels. Eine praxisorientierte Einfüh-
  rung. Weinheim: Juventa.
Heckhausen, Heinz 1988: Entwurf einer Psychologie des Spielens. In: Flitner (Hg.)
  1988, S. 138–155.
Kolb, Michael 1990: Spiel als Phänomen – das Phänomen Spiel. Studien zu phänomeno-
  logisch-anthropolog. Spieltheorien. Sankt Augustin: Academia-Verl. Richarz.
Mogel, Hans 1994: Psychologie des Kinderspiels. Die Bedeutung des Spiels als Lebens-
  form des Kindes, seine Funktion u. Wirksamkeit für die kindliche Entwicklung.
  Berlin/Heidelberg/New York/London/Paris/Tokyo/Hong Kong/Barcelona/Budapest:
  Springer.
Oerter, Rolf 1993: Psychologie des Spiels. Ein handlungstheoret. Ansatz. München:
  Quintessenz.
Piaget, Jean 1969: Nachahmung, Spiel u. Traum. Stuttgart: Klett.
Schäfer, Gerd E. 1989: Spielphantasie u. Spielumwelt. Spielen, Bilden u. Gestalten als
  Prozesse zwischen Innen und Außen. Weinheim/München: Juventa.
Scheuerl, Hans (Hg.) 1991/94: Das Spiel. Bd. 1: Untersuchungen über sein Wesen, seine
  pädagogischen Möglichkeiten und Grenzen. Bd. 2: Theorien des Spiels. Weinheim/
  Basel: Beltz.
Turner, Victor 1995: Vom Ritual zum Theater. Der Ernst menschlichen Spiels. Frankfurt
  a. M.: Fischer Tb.
Wegener-Spoehring, Gisela 1995: Aggressivität im kindlichen Spiel. Grundlegung in
  den Theorien des Spiels und Erforschung ihrer Erscheinungsformen. Weinheim: Dt.
  Studien-Verl.
Winnicott, Donald W. 1995: Vom Spiel zur Kreativität. Stuttgart: Klett-Cotta.

Spiel- und Theaterpädagogik (allgemein)

Baer, Ulrich 1981: Wörterbuch zur Spielpädagogik. Basel: Lenos.
Batz, Michael 1993: Theater zwischen Tür und Angel. Handbuch für freies Theater.
  Reinbek b. Hamburg: Rowohlt.
Ehlert, Dietmar 1986: Theaterpädagogik. Lese- und Arbeitsbuch für Spielleiter und Lai-
  enspielgruppen. München: Pfeiffer.

Flemming, Irene 1992: Einfach anfangen. Spielpädagogik ganz praktisch. Mainz: Matthias-Grünewald-Verl.

Fo, Dario 1989: Kleines Handbuch des Schauspielers. Frankfurt a. M.: Verl. d. Autoren.

Giffei, Herbert (Hg.) 1982: Theater machen. Ein Handbuch f. d. Amateur- u. Schulbühne. Ravensburg: Maier.

Heimlich, Ulrich 1993: Einführung in die Spielpädagogik. Eine Orientierungshilfe für sozial-, schul- u. behindertenpädagogische Handlungsfelder. Bad Heilbrunn: Klinkhardt.

Hentschel, Ulrike 1996: Theaterspielen als ästhetische Bildung. Über einen Beitrag produktiven künstlerischen Gestaltens zur Selbstbildung. Weinheim: Dt. Studien-Verl.

Kreuzer, Karl-Josef 1983: Handbuch der Spielpädagogik. 4 Bde. Düsseldorf: Schwann.

Formen darstellenden Spiels

Maskenspiel

Marks, Dieter 1988: Maskenbau und Maskenspiel. Offenbach, M.: Burckhardthaus-Laetare-Verl.

Rothmann, Nicola 1984: Maskenspiel. Oberbrunn: Ahorn-Verl.

Pantomime

Battussek, Walter 1991: Pantomime und Darstellendes Spiel. Mainz: Matthias-Grünewald-Verl.

Guder, Rudolf 1986: Pantomimen. Weinheim/Bergstraße: Dt. TheaterVerl.

Hamblin, Kay 1979: Pantomime – Spiel mit deiner Phantasie. Soyen: Ahorn-Verl.

Keysell, Pat 1985: Pantomime mit Kindern. Ein Spielbuch von 5 bis 12 Jahren. Ravensburg: Maier.

Kramer, Michael 1982: Pantomime. Das Spiel mit d. Bewegung. 40 Spielstücke für Gruppen. Gelnhausen: Burckhardthaus-Verl.

Müller, Werner 1988: Pantomime. Eine Einführung für Schauspieler, Laienspieler und Jugendgruppe. München: Pfeiffer.

Reichel, Gusti 1990: Bewegungstheater. Darstellen und pantomimisch spielen. Ettlingen: Ettlinger.

Papiertheater

Grünewald, Dietrich 1993: Vom Umgang mit Papiertheater. Berlin: Volk und Wissen [dort weitere Literaturhinweise].

Puppen-, Marionetten-, Kasperlespiel

Andersen, Benny E. 1975: Das Puppenspielbuch. Bühne, Ton, Beleuchtung, Spiel und viele neue Puppen. Ravensburg: Maier.

Arndt, Friedrich 1976: Das Handpuppenspiel. Kassel/Basel: Baerenreiter-Verl.

Batek, Oskar 1985: Einfache Marionetten zum Nachbauen. Ravensburg: Maier.

Grüssner, Manfred 1994: Puppenspiel. Regensburg: Wolf.

Hardt, Christina 1980: Marionetten selbermachen. München: Don-Bosco-Verl.

Jackson, Sheila 1975: Marionetten, Kasperlefiguren, Theatergruppen. Stuttgart: Franckh.

Krause, Axel/Alfred *Bayer* 1981: Marionetten – entwerfen, gestalten, führen. Niederhausen, Ts.: Falken.

Lietz, Ursula 1995: Kasperletheater: Niedernhausen, Ts: Falken Tb.

Schreiner, Kurt 1980: Puppen und Theater. Herstellung, Gestaltung, Spiel. Köln: DuMont.

Schattenspiel
Bräutigam, Gabriele 1993: Schattenspiele für die Grundschule. Donauwörth: Auer.
Mühldorfer, Albert (Hg.) 1995: Schattenspiel. Regensburg: Wolf.
Zimmermann, Erika 1995: Wir spielen Schattentheater. Stuttgart: Verl. Freies Geistes-
leben.

Einzelaspekte darstellenden Spiels

Bewegung/Körper
Argyle, Michael 1979: Körpersprache und Kommunikation. Paderborn: Junfermann.
Beachte die Körpersignale. Körpererfahrung in der Gruppendynamik. Mainz: Mat-
thias-Grünewald-Verl. 1991.
Günzel, Werner (Hg.) 1989: Körper und Bewegung. Improvisieren, Gestalten, Darstel-
len. Baltmannsweiler: Päd. Verl. Burgbücherei Schneider.
Hasselbach, Barbara 1989: Improvisation – Tanz – Bewegung. Stuttgart: Klett.
Rosenberg, Christiana 1990: Praxis für das Bewegungstheater. Aachen: Meyer und
Meyer.
Schmolke, Anneliese 1976: Das Bewegungstheater. Hilfen u. Anregungen für d. Spielen
mit Kindern u. Erwachsenen. Wolfenbüttel/Zürich: Möseler.

Improvisation/Stegreifspiel
Ebert, Gerhard 1979: Improvisation und Schauspielkunst. Über die Kreativität des
Schauspielers. Berlin: Henschel.
Seidel, Günter 1989: Spiel ohne Probe. Stegreifspiel mit Kindern von 7–12. München:
Don-Bosco-Verl.
Spolin, Viola 1983: Improvisationstechniken für Pädagogik, Therapie und Theater.
Paderborn: Junfermann.

Musik
Tanz und Musikspiele mit Kindern. Donauwörth: Auer 1991.

Theater-Spiel

Belgrad, Jürgen (Hg.) 1997: Theaterspiel. Zur Ästhetik des Schul- und Amateurthea-
ters. Baltmannsweiler: Schneider-Verl. Hohengehren.
Gate, Helene 1995: Bühne frei! Theaterspielen von der Idee bis zur fertigen Vorstel-
lung. Moedling: Verl. St. Gabriel.
Grau, Michael 1995: Theater-Werkstatt. Grundlagen, Übungen, Spiele. München: Don-
Bosco-Verl.
Jenisch, Jakob 1987: Methoden szenischer Spielführung. Köln: Maternus-Verl.
Koch, Gerd/Reiner *Steinweg*/Florian *Vaßen* (Hg.) 1984: Assoziales Theater. Spielversu-
che mit Lehrstücken und Anstiftung zur Praxis. Köln: Prometh-Verl.
Müller, Werner 1988: Auf die Bühne, fertig, los! Ein Theater-Spielbuch für Kinder u.
Jugendliche, Eltern u. Lehrer. München: Pfeiffer.
Schneider, Ruth/Paul *Schorno* (Hg.) 1985: Theaterwerkstatt für Jugendliche und Kin-
der. Basel: Lenos.
Thiesen, Peter 1993: Drauflosspieltheater. Ein Spiel- u. Ideenbuch für Kindergruppen,
Hort, Schule, Jugendarbeit u. Erwachsenenbildung. Weinheim: Beltz.

Zusammenfassungen

Bubner, Claus 1978: Bausteine des darstellenden Spiels. Ein Übungsbuch für Theater mit Jugendlichen. Frankfurt a. M.: Hirschgraben.

Stauber, Colette 1992 a: Bausteine. Belp: VolksVerl. Ellg.
- 1992 b: Darstellendes Spiel. Belp: VolksVerl. Ellg.
- 1992 c: Szenische Phantasie und Disziplin. Belp: VolksVerl. Ellg.

Spielsammlungen und -karteien

Baer, Ulrich 1994: 666 Spiele. Für jede Gruppe, für alle Situationen. Seelze-Velber: Kallmeyer.
- 1995: Da ist der Baer los ... MIT-SPIEL-Aktionen für kleine und große Leute. Münster: Oekotopia-Verl.
Fritz, Jürgen 1992: Mainzer Spielkartei. Kennlernspiele, Bewegungsspiele, Sprech-, Schreib- u. Denkspiele. Mainz: Matthias-Grünewald-Verl.
Gudjons, Herbert 1992: Spielbuch Interaktionserziehung. 185 Spiele und Übungen zum Gruppentraining in Schule, Jugendarbeit und Erwachsenenbildung. Bad Heilbrunn: Klinkhardt.
Hoffmann, Christel 1989: Spielen und Theaterspielen. Sammlung von Spielen und Anregungen zum darstellenden Spiel. Berlin: Kinderbuchverl.
Klibisch, Udo W. 1997: Entspannung – Konzentration. Interaktionsspiele mit Jugendlichen. Baltmannsweiler: Schneider-Verl. Hohengehren.
Orlick, Terry 1993: Neue kooperative Spiele. Mehr als 200 konkurrenzfreie Spiele für Kinder und Erwachsene. Weinheim/Basel: Beltz.
Spiel-Räume. Über 100 Vorschläge für Spiel, Bewegung, Kommunikation. Mainz: Grünewald 1991.
Vlcek, Radim 1997: Workshop Improvisationstheater. Übungs- und Spielesammlung für Theaterarbeit, Ausdrucksfindung und Gruppendynamik. München: Pfeiffer.

Aus- und Fortbildung für Spielleiter

Gesing, Fritz 1992: Theaterpraxis. Ein Leitfaden für Spielleiter und Theatergruppen. Aachen: Meyer u. Meyer.
Groth, Manfred 1985: Theater und Video. Ein Arbeitsbuch. Köln: Bund Verl.
Hametner, Michael 1982: Elementarlehrprogramm Amateurtheater. Leipzig: Zentralhaus-Publikation.
Jenisch, Jakob 1996: Der Darsteller und das Darstellen. Ich selbst als ein anderer. Grundbegriffe für Praxis und Pädagogik. Berlin: Henschel.
Pöllarth, Josef K. 1985: Theaterspielen. Lese- u. Arbeitsbuch f. Spielleiter u. Laienspielgruppen. München: Pfeiffer.
Spolin, Viola 1983: Improvisationstechniken für Pädagogik, Therapie und Theater. Paderborn: Junfermann.
Waegner, Heinrich 1994: Theaterwerkstatt. Von innen nach außen – über den Körper zum Spiel. Kommentierte Wege vom Warm-up bis zur Spielvorlage. Stuttgart/Düsseldorf/Berlin/Leipzig: Klett.

Spiel/Theater in Schule und Unterricht

Ausprobieren, Proben, Spielen. Handreichungen für szenisches Spielen und Schüler-
theater in der Sekundarstufe I. Frechen: Ritterbach 1992.

Beimdick, Walter 1980: Theater und Schule. Grundzüge e. Theaterpädagogik. München: Ehrenwirth.

Bredl, Christian 1984: Wenn Flöhe träumen. Das »darstellende Spiel« dt. Hauptschüler
im Schnittpunkt europäischer Spieldidaktik. Berlin: Guhl.

Bubner, Claus 1995: Schule macht Theater. Braunschweig: Westermann.

Das darstellende Spiel im Englischunterricht. Auerbach: Prögel 1977.

Heimbrock, Cornelia 1996: Geschichte spielen. Handlungsorientierter Geschichtsunterricht in der Sekundarstufe I. Donauwörth: Auer.

Henze, Walter 1987: Dramen lesen – Dramen spielen. Hannover: Schrödel.

Huenke von Podewils, Angela 1993: Erleben und verkörpern. Theaterspielen in der Erlebnispädagogik. Lüneburg: Verl. Ed. Erlebnispädagogik.

Ingendahl, Werner 1981: Szenische Spiele im Deutschunterricht. Düsseldorf: Schwann.

Kappe, Gerhard 1991: Neue Möglichkeiten der Drameninterpretation. Zeitgenössische
englische Dramen als Aufführungsmedien in schüleraktivierenden Arbeitsweisen.
Würzburg: Königshausen u. Neumann.

Koch, Gerd, u.a. 1995: Theatralisierung von Lehr-Lernprozessen. Berlin/Milow: Schibri-
Verl.

Kunz, Marcel 1997: Spieltext und Textspiel. Szenische Verfahren im Literaturunterricht der Sekundarstufe II. Seelze: Kallmeyer.

Lebendiges Schultheater. Personales Spiel, technisch-mediales Spiel, figurales Spiel.
Grundlagen – Projekte – Hinweise. Handreichungen zum Grundkurs Dramatisches
Gestalten. Donauwörth: Auer 1995.

Lenzen, Heinrich (Hg.) 1974: Mediales Spiel in der Schule. Möglichkeiten darstellenden
Spiels mit Spielgeräten und optoakkust. Apparatur. Neuwied/Berlin: Luchterhand.

Lenzen, Klaus-Dieter 1996: Spielen und Verstehen. Vier Lehrstücke über den Sachun-
terricht und die Arbeit mit Literatur, Film und Theater. Weinheim/Basel: Beltz.

Mettenberger, Wolfgang 1996: Tatort Theater. Ein praktischer Leitfaden für die Schul-
und Amateurbühne. Offenbach, M.: Burckhardthaus-Laetare-Verl.

Reinert, Gerd-Bodo 1981: Das darstellende Spiel in der Schule. Fakten, Berichte, Erfahrungen u. Anregungen aus der Primar- u. Oberstufe. München: List.

Schafhausen, Helmut (Hg.) 1995: Handbuch szenisches Lernen. Theater als Unter-
richtsform. Weinheim/Basel: Beltz.

Schau, Albrecht 1996: Szenisches Interpretieren. Ein literaturdidakt. Handbuch. Stutt-
gart/Düsseldorf/Berlin/Leipzig: Klett.

Scheller, Ingo 1995: Unsichtbares Theater der Gewalt. Heinrich von Kleist: Der zerbro-
chene Krug. Vorschläge, Materialien und Verfahren zur szenischen Interpretation.
Oldenburg: ZpB.

– 1987: Szenische Interpretation. Wedekind: Frühlings Erwachen. Oldenburg: ZpB.

– 1989: Szenische Interpretation. Georg Büchner: Woyzeck. Oldenburg: ZpB.

Siegert, Wolf 1978: Theater in der Schule. Braunschweig: Westermann.

Darstellendes Spiel mit speziellen Gruppen

Aissen-Crewett, Meike 1988: Darstellendes Spielen mit geistig behinderten Kindern.
Dortmund: Verl. Modernes Lernen.

Kreuzer, Rolf 1979: Wir spielen Theater. Kreuzers großes Theaterspielbuch für Kindergarten, Grundschulen u. für das Spielen mit Behinderten. Staufen, Br.: Kemper.

Seidl, Marion 1994: Ich zeig dir meine Welt. Menschen mit Behinderung im szenischen Spiel. Ein Praxisbuch für alle. Münster: Oekotopia-Verl.

Theunissen, Georg (Hg.) 1984: Unterricht mit schwierigen Schülern. Anregungen für Schule u. Sozialarbeit. Frankfurt a. M.: Extrabuch-Verl. in der Paedex-Verlags-GmbH.

Welscher-Forche, Ursula 1990: Das darstellende Spiel in der Schule für Lernbehinderte. Frankfurt a. M./Bern/New York/Paris: Lang.